완벽하지 않을 용기

# 완벽하지 않을 용기

**초판 1쇄 발행**    2020년 3월 16일
**초판 2쇄 발행**    2022년 1월 17일

**지은이** 우치다 다츠루

**옮긴이** 박동섭

**발행인** 김병주
**COO** 이기택 **CMO** 임종훈 **뉴비즈팀** 백헌탁, 이문주, 김태선, 백설
**행복한연수원** 배희은, 박세원, 이보름, 반성현 **에듀니티교육연구소** 조지연 **경영지원** 박란희
**편집부** 이하영, 최진영

**펴낸 곳** (주)에듀니티
**도서문의** 070-4342-6110
**일원화 구입처** 031-407-6368 (주)태양서적
**등록** 2009년 1월 6일 제300-2011-51호
**주소** 서울특별시 종로구 인사동5길 29 태화빌딩 9층
**홈페이지** www.eduniety.net
**페이스북** www.facebook.com/eduniety
**인스타그램** www.instagram.com/eduniety/
　　　　　　www.instagram.com/eduniety_books/
**포스트** post.naver.com/eduniety
**편집부 이메일** book@eduniety.net

문의하기

투고안내

**ISBN** 979-11-6425-055-4 [03370]
**값** 15,000원

우치다 타츠루의 교육론

# 완벽하지 않을 용기

우치다 타츠루 말하고 박동섭 옮기다

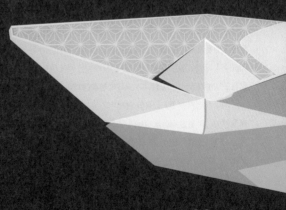

에듀니티

# 추천의 글

이 시대 교사들은 어깨가 참 무겁습니다. 지금까지 하던 방법은 낡았으니 수업을 바꾸라고 합니다. 새로운 생활교육을 하라고 합니다. 나아가 학교를 바꾸고 교육을 바꾸는 일에 앞장서라고 합니다. 아무도 잘 알지 못하는 길인데 교사더러 우리 아이들이 미래로 가는 길에 길잡이가 되라고 합니다. 모든 요구를 다 감당해내는 완벽한 교사이고 싶지만 매일 마주하는 현실은 버겁기만 합니다. 우치다 타츠루 선생님은 이처럼 완벽함을 강요당하는 오늘의 교사들에게 큰 위안과 용기를 줍니다. 다른 방식으로 세상과 교육을 이해하고, 희망을 찾을 수 있도록 시야를 넓혀줍니다. 교사는 혼자가 아니며 주변의 동료 교사를 넘어 과거의 교사들과 미래의 교사들까지 모두 함께하는 '교사단'으로서 아이들이 열어갈 새로운 세상을 함께하고 있다고 말합니다. 어깨를 토닥이며 오늘날 교사에게 가장 필요한 용기를 일깨워줍니다. 완벽하지 않을 용기를.

-최교진(세종시교육감)

오랜 세월 우리 교육을 지배하던 원리가 있습니다. 상급학교 진학을 가장 중요한 기제로 삼아 보충수업과 자율학습을 강요하고, 아이들 삶에 어떤 도움이 되는지보다 교사가 무엇을 가르쳤는지를 중시하며, 학생을 학교의 구성원으로 대하기보다 교육의 대상으로만 대해왔지요. 그러다 2009년 '혁신학교'라는 이름으로 기존 교육에 대한 성찰의 흐름이 나타나 교사들의 자발성에 기초하여 교육의 본질을 회복하자는 운동이 전국적으로 교육의 큰 줄기를 형성하고 있어 다행입니다. 그러나 혁신학교의 원리와 철학, 운영원리를 머리로 이해한다고 해서 혁신학교가 되는 것은 아닙니다. 구성원이 제각각 복잡한 교육 요소를 이해하고 교육의 본질을 회복하고자 하는 의지와 열정을 가질 때, 적절한 행정기관의 지원들이 함께할 때 혁신학교는 가능합니다. 공자는 논어 팔일편에서 '회사후소繪事後素'라고 했습니다. 그리고 싶은 그림이 있으면 우선 바탕을 희게 만들고 그런 다음에 온갖 채색을 통하여 아름답게 완성할 수 있다는 말입니다. 교육의 본질에 대한 일갈로도 손색없는 얘기입니다.

    시대적 전환기마다, 교육의 위기마다, 동시대성에 대한 이해를 바탕으로 많은 저서와 강의를 통해 일본에서의 앞선 경험을 나누며 우리 교육의 제자리 찾기에 크게 기여한 분을 꼽으라면 저는 기꺼이 우치다 타츠루 선생님을 꼽을 것입니다. 특히 제가 2014년 혁신고등학교 교장으로 좌충우돌할 때, 2018년 경기도교육연수원장으로 '교사 성장이 연수로 가능한가?'라는 담론으로 마음앓이 할 때 그의 이야기가 힘이 되어주었습니다. 그는 교육이란 '공동체의 차세대 구성원들이 살아남을 수 있도록 그 성숙을 지원하는 것, 아이들의 사는 지혜와 힘을 높이는 것'이라고 했습니다. 그는 교사가 아이들을 제대로 가르쳐야 한다는 부담에서 벗어나 아이들을 교육의 주체로 세우는 상상력을 품게 해주었습니다. 여기저기 부딪치며 성장하도록 아이 몫을 남겨놓는 것이 진정한 성장을 위하는 교사의 역할일지도 모른다는 그의 이야기는 지금까지도 제게 큰 위로가 되어주고 있습니다.

교육은 말과 글과 논리와 주장으로 이루어지는 것이 아닙니다. 나이와 직급으로 이루어지는 것도 아닙니다. 삶에서 삶으로 전이되는 일련의 과정이 곧 배움이라 생각합니다. 일상으로 아이들을 만나는 부모, 또 다른 부모로 학교에서 아이들을 만나는 교사 한 사람 한 사람이 다 중요합니다. 서로 다른 가치와 삶의 태도와 방식을 가진 여러 교사가 하나의 집단으로서 아이들이 닮아주었으면 하는 모습을 보일 때 좋은 교육은 가능합니다. 가정의 분위기나 학교문화(교사문화)야말로 아이들을 건강한 시민으로 성장하게 하는 적절한 기제요, 그것이 교육의 본질입니다. 빠르게 변화하는 시대에 우리는 매일 새로운 아이들을 만나고 있습니다. 이 어려운 시기에 우리는 교사라는 가슴 벅찬 일을 하고 있습니다. 우리 아이들의 건강한 성장을 무엇보다 중요하게 생각하는 교사라면 이 책과 함께 다시 손잡고 어깨동무해보면 어떨까요? 여전히 두렵지만, 완벽하지 않을 용기를 내어보면 어떨까요?

－**이범희**(성남시교육지원청 교육장)

우치다 타츠루 선생님의 강연에서 접한 단어들은 매우 낯설었습니다. 낯설었기에 더 신선하게 다가왔을지도 모르겠습니다. 교육의 밑절미를 들춰낸 선생님의 강연은 하루의 감동에 그치지 않고 제가 교육자로 살아가는 길의 나침반이 되었습니다. 그 감동이 4년이라는 세월 속에 희미해질 무렵 그 내용을 활자로 만나게 되었습니다. 이 책 속에 담긴 이야기는 이 시대의 교육에 대해 우리가 품은 의문에 대한 응답입니다. 이 한 권의 책은 교사라는 여정을 묵묵히 걸어가는 이들의 삶에 지혜가 될 것입니다.

－**박성광**(광주광역시교육청 장학사)

어른은 죽었고 상식도 없는 시대, 그럼에도 불구하고 '선생님은 훌륭하다'라는 책의 저자답게 멋진 교사의 길을 제시하고 있습니다. 그 핵심 키워드가 '성숙'입니다. 독일의 유명한 철학자인 임마누엘 칸트는 미개인이 아닌 인간 계몽은 '성숙해지는 것'이라고 설명한 바 있습니다. 저자는 성숙을 '더불어 사는 지혜'라고 정의합니다. 나아가 그는 기존의 관념을 'epoche', '판단중지'할 것을, 즉 미국의 종속국가 대신 동아시아 평화, 남성 중심 대신 여성과 자연 등으로 대체할 것을 주문합니다. 무한 경쟁과 서열 매기기에 질식당하고 있는 학생들을 위하는 성숙한 선생님은 무엇을 해야 할까요? 그 답이 이 책에 담겨 있습니다. 덤으로 일본 사회의 속살을 체감할 수 있는 좋은 기회를 제공해줍니다.

－**김택환**(경기대학교 특임 교수)

# 아이들의 성숙을 어떻게 도울 것인가

안녕하세요. 우치다 타츠루입니다. 이번에 '완벽하지 않을 용기'라는 책으로 여러분을 만나게 되었습니다. 이번 책은 제가 2014년부터 2019년까지 한국의 곳곳에서 강연한 내용을 모은 것입니다. 한국에서 저의 강연을 매번 멋지고 훌륭하게 통역해주신 박동섭 선생님과 이 강연록을 출간해주신 한국의 에듀니티 출판사 여러분께 새삼 감사의 말씀 드립니다.

한일관계는 지금 전후 최악 상태입니다. 외교관계는

경직된 채 회복 기미가 보이지 않고, 경제관계도 냉각상
태로 머물러 있으며, 일본의 관광산업을 지탱하고 있던
한국 관광객도 격감하였습니다. 양국 국민은 한시라도
빨리 한일관계의 회복과 상호이해에 진전이 있기를 바랄
겁니다. 그런 상황에서 저의 이야기가 한일관계 개선에
미약하나마 도움이 되기를 바랍니다.

지금 일본과 한국에서 교사들이 놓인 환경이 얼마나
다른지는 잘 모르겠으나 교육에 관한 저의 책이 여러 권
한국어로 번역되었다는 사실에 기초해 볼 때 교육에 대
한 '곤혹감'에 관해서 몇 가지 공통점이 있다는 것은 틀
림없을 거라고 생각합니다.

짐작컨대, 양국의 학교교육이 안고 있는 가장 심각한
문제점은 '학교교육을 시장원리에 기초해서 말하고 사고
하는' 방식이지 않을까 합니다. '학교교육을 시장원리에
기초해서 말하고 사고한다'는 것은, 교육을 이야기할 때
시장이라든지 수요, 비용 대비 효과와 조직관리, 공정관

아이들의 성숙을 어떻게 도울 것인가

리와 같은 공학적·시장적인 용어를 반복해서 입에 담는다는 의미입니다. 그런 말이 유행어로 자리 잡았습니다. 일본에서는 1990년대부터 시작되어 21세기에 들어와서도 그 경향이 가속화하는 중입니다.

'사회에 나가서 도움이 되는 지식과 기술만 가르쳐라', '인문과학적 교양은 실용적이지 않기 때문에 가르칠 필요가 없다', '학자가 아니라 실무 경험자를 교수로 채용해 학생에게 사회 현실을 가르쳐야 한다' 같은 거친 요구가 재계와 정치권에서 계속 나오는데, 교육현장은 이에 대해 좀처럼 유효한 반론을 내지 못하고 있습니다. 저는 그런 풍조를 긍정적으로 평가하지 않습니다. 실용이라든지 유용성, 생산성과 같은 비즈니스 용어로 교육을 논하지 않았으면 합니다. 그런데 정말로 안타깝게도 저와 의견이 같은 사람은 여전히 소수입니다.

"시장원리에 기초해서"라고 좀 전에 말했는데요. 좀 더 한정적으로 말하자면 '공장에서의 공업제품 제조원리에 기초해서'입니다. 오늘의 학교교육은 공장 라인에서

한국의 독자께

통조림과 자동차와 컴퓨터를 제조하는 것이 산업의 주요 형태였던 지난 시대의 모델에 기초해 설계되었습니다. 솔직하게 말해서 저는 그 '철 지난 모델'과 그것이 여지없이 보여주는 '비현실성'에 넌더리가 납니다. 이미 그런 시대가 아니니까요.

공장에서 물건을 만드는 것이 산업의 주요 형태인 시대는 이미 지나갔습니다. 그럼에도 왜 자칭 실무가들은 여전히 공장에서 통조림 만드는 발상에 기초해서 교육 시스템을 디자인하고 싶어 하는 걸까요? 저는 이해할 수 없습니다. 오해가 있을 것 같아 첨언하자면, 이미 그런 시대가 아니니까 고전적인 공장관리를 그만두고 지금의 트렌드에 맞게 가야 한다고 말하는 것이 아닙니다. 학교교육도 앞으로 각자 도생하는 개인들이 자유롭게 이합집산해서 임기응변으로adhoc 프로젝트를 수행하는, 리좀 rhizome식 네트워크를 만들라는 등의, 듣는 사람 입장에서는 눈만 끔벅거리게 되는 이야기를 하는 것도 아닙니다. 학교교육은 애당초 타성이 강한 제도이기 때문에 시

아이들의 성숙을 어떻게 도울 것인가

대에 맞추어서 조변석개朝變夕改하면 제대로 되는 일이 없다는 이야기입니다. 사회의 수요 같은 것은 신경 쓰지 말고 기본에 충실하라고 말씀드리고 있는 것이지요. 여하튼 학교의 본질은 인류사의 여명기부터 지금까지 거의 바뀌지 않았으니까요.

학교의 인류학적 기능은 한 가지밖에 없습니다. 바로 공동체의 차세대 구성원들이 살아남을 수 있도록 그들의 성숙을 지원하는 것입니다. 그것이 전부입니다. 그러므로 모든 교육사업은 '아이들의 살아가는 힘을 높일 수 있는가?', '아이들의 성숙을 지원하는 데 도움이 되는가?' 같은 물음으로써 옳고 그름을 음미해야 합니다. 그것만으로 충분합니다. 이외의 일은 학교교육에서 모두 부차적인 것입니다.

예를 들면 아이들의 상대적인 우열을 가려 등급을 매기는 것은 교육에 있어서 우선적인 일이 아닙니다. 아이들끼리 우열을 다투게 해서 등급을 매기고, 등급이 높은 아이들을 우대하거나 낮은 아이를 처벌하는 것이 아이들의 시민적 성숙에 도움이 될까요? 저는 그렇지 않다고 생각합니다. 제가 아는 한, 경쟁과 등급 매기기가 아이들을 성숙시킨다는, 아이들의 살아가는 힘을 높인다는 과학적인 증명 사례는 존재하지 않습니다. 그런 사례가 있을 리 없지요. 과학적으로 실험하려면 아이들을 두 집단으로 나누어서 한쪽은 경쟁을, 다른 쪽은 성숙을 우선하는 환경에 두어 20여 년 동안 변화를 지켜보아야 합니다. 그러지 않으면 결과를 알 수 없으니까요. 그렇다고 20년 해보고 나서 '아, 이쪽 집단의 교육은 실패한 것 같습니다. 모두 불행해졌습니다······'라고 말하고 끝낼 수도 없는 노릇입니다. 아이들을 실험 대상으로 삼을 수는 없으니까요. 그럼에도 현재의 학교에서는 '확실하게 결과가 나오는 곳'이라는 슬로건을 내걸고 한정된 자원을 경사傾斜 배분해야 한다는 '선택과 집중' 이론을 마치 과학적 진리인 양 떠받드는 듯합니다. 돈 벌기로 연결될 것 같은 영역에는 돈을 투자하고 그렇지 않은 곳에는 돈을 사

아이들의 성숙을 어떻게 도울 것인가

용하지 않는다는 거죠. 앞으로 도움이 될 것 같은 아이들에게는 투자하고 싹수가 없어 보이는 아이들은 방치한다는 규칙이 교육현장을 지배합니다. 여기에는 '미래의 공동체를 담당할 차세대 젊은이들의 성숙을 지원한다'라는 배려는 눈곱만큼도 없습니다. 제로입니다.

당연한 말이지만 아무리 아이들을 경쟁시키고 정밀하게 등급을 매겨본들 그런 것으로 인해 아이들이 '현명하고 제대로 된 어른'이 되는 일은 없습니다. 오히려 경쟁적 환경은 아이들의 성숙을 방해할 것입니다.

이 논리를 좀 알기 쉽게 설명해보겠습니다. 동학년 집단에서 상대적 우위에 서는 데는 두 가지 방법이 있습니다. 하나는 자신의 힘을 높이는 것, 또 하나는 경쟁 상대의 힘을 약화시키는 것입니다. 양쪽 다 상대적인 우열 가리기가 목표인데, 경쟁 상대의 힘을 약하게 하는 편이 비용 대비 효과가 압도적으로 좋습니다. 경쟁 상대들을 가능한 한 무능하고 무력한 인간으로 만들면 되니까요. 무수히 많은 방식이 있습니다. 노력하는 사람의 다리를 잡아당기고, 성숙한 어른이 되려는 사람에게 '폼 재지 말라, 잘난 체하지 말라'라는 둥 듣기 싫어할 말을 굳이 하는 것, 개성적인 사람을 '이상하다'며 배제하고 박해하는 것, 좀더 심플하게는 그냥 요란하게 교실을 돌아다니는 것이나 기회가 있을 때마다 반항함으로써 교사의 존엄을 허물어뜨리는 것…… 모두 '경쟁 상대의 살아가는 힘 떨어뜨리기'라는 목표를 향하고 있습니다. 실제로 아이들은 이런 식으로 매일 급우들의 살아가는 힘을 없애기 위해 노력하고 있습니다.

단기적인 자기 이익의 증대라는 점만 보면 이는 합리적인 행위일지도 모릅니다. 그런데 이렇게 닫힌 집단 내부에서 상대적 우열을 다투면 그 집단의 힘은 점차 약해집니다. 당연합니다. 집단성원 전원이 서로를 자신보다 학력이 낮고, 정신력이 약하고, 미숙하기를 바라기 때문이지요. 그런 집단이 강해질 리 만무합니다. 어리석은 짓이라고 생각하지 않습니까?

이건 다름 아닌 지금 일본에서 일어나고 있는 일이

아이들의 성숙을 어떻게 도울 것인가

기도 합니다. 일본 사회에서는 '이지메'라든지 '힘희롱 power harassment' 같은 것이 사회문제가 되고 있습니다. 언론에서는 저한테 종종 취재하러 와서 이렇게 묻습니다.

"도대체 왜 이런 일이 일어나는 걸까요?"
"사회제도에 하자가 있었을까요?"
"관리를 강화해야 할까요?"
"처벌을 엄격하게 하면 될까요?"

저의 대답은 "어떤 병적인 행동에도 주관적인 합리성이 있기 마련"이라는 것입니다. '이지메'와 '힘희롱'도 같은 집단에 소속된 구성원들의 살아가는 힘을 떨어뜨리는 것이 목적입니다. 집단의 존속에는 매우 유해하지만 집단의 내부 경쟁에서는 이지메하는 자, 힘희롱하는 자에게 이익이 되는 행위이지요. 집단으로서 장기적으로 보면 자살 행위이지만 개인적, 단기적 측면에서는 자기 이익을 증대시키는 합리적 행위가 됩니다. 사람들은 그런

한국의 독자께

행위를 '노력'해서 하고요. 그렇다고 이런 행위의 원인이 사람들의 사악한 마음인 것은 아닙니다. 경쟁에서 상대적 우위에 서기 위해서는 경쟁 상대의 살아가는 힘을 없애버리는 것이 효과적이라는 경험칙에 따른 행위입니다.

밑바닥 여기저기에 구멍이 뚫려서 물이 새 침몰하고 있는 배가 있다고 합시다. 이 배에 타고 있던 사람들은 물을 퍼내는 힘을 기준으로 승선원들의 등급을 매기기로 하였습니다. 그리고 물을 퍼내는 힘이 떨어지는 사람은 식사량을 줄이거나 잠을 재우지 않고, 채찍으로 때리면서 차별했습니다. 그러다 보니 하위 등급 사람들은 쇠약해져서 물 퍼내는 일 자체를 못하게 되어버렸습니다. 결과적으로 물 퍼낼 사람이 부족해져서 배는 침몰하는 운명을 맞았습니다.

바로 지금의 일본이 그렇습니다. 국민 개개인의 등급 매기기에 열중하다 보니 나라의 힘 자체가 쇠진하고 말았습니다. 그럼에도 일본인은 그 사실을 자각하지 못하고 있습니다. 긴 시간의 흐름 속에서 집단적으로 세상일의 옳고 그름을 생각하고 판단하는 사고 습관을 상실해가고 있습니다. 일본뿐만 아니라 지금 전 세계에 퍼져 있는 병폐일지도 모르겠습니다. 한국에서도 비슷한 현상이 보이지 않나요?

제가 드리고 싶은 제안은 아주 심플합니다. 학교교육은 오로지 '아이들의 성숙을 지원하고 살아가는 지혜와 힘을 높이는 일'에 충실하면 됩니다. 물론 곧바로 실현될 수 있는 건 아니겠죠. 그럼에도 교육현장에서 이루어지는 하나하나의 활동에 관해서 '이것을 통해서 아이들은 성숙할 것인가?' 하는 물음을 교사와 부모가 스스로에게 던지는 것. 일단은 거기서부터 시작해야 한다고 생각합니다. 거기서부터 시작하면 됩니다. 아직 대답을 내지 않아도 괜찮습니다. 일단 물음을 던지는 것만으로도 충분합니다.

성숙한 시민들의 대화로 한일 양국의 상호 이해와 연

대가 다시 세워지기를 강하게 바라고 있습니다. 저의 이런 바람에 공감해주시는 분이 한국의 독자 가운데에도 계신다면 기쁘겠습니다.


2020년 3월
우치다 타츠루

# 차례

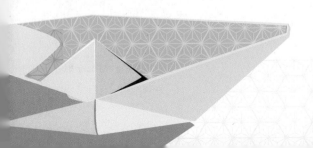

# 2014

## 첫 번째 이야기

### 어른이 없는 사회에서 어른이 된다는 것

일시 | 2014년 6월 25일

장소 | 서울여성프라자 국제회의장

주최 | 참여교육소통모임 · 에듀니티

후원 | 전국초등국어교과모임 · 민들레출판사 · 한국아카펠라교육연구회

초등토론교육연구회 · 함께여는교육연구소

### 교육은 실패라는 말을 허용하지 않는다

일시 | 2014년 6월 26일

장소 | 대구교육연수원

주최 | 참여교육소통모임 · 에듀니티

후원 | 전국초등국어교과모임 · 민들레출판사 · 한국아카펠라교육연구회

초등토론교육연구회 · 함께여는교육연구소

강의 동영상으로 연결되는
QR코드입니다.

# 어른이 없는 사회에서
# 어른이 된다는 것

오늘은 '어른이 없는 사회에서 어른이 된다는 것의 의미'라는 제목으로 현대 아이들의 성숙 문제에 관해 이야기해보고자 합니다. 일본과 한국에서 동시에 아이들의 성숙 문제가 전면에 등장한 것은, 이것이 세계적인 문제라는 것을 의미합니다. 우리는 지금 성숙 모델을 잃어버린 사회에 살고 있습니다. 특히 남성의 경우가 더욱 심각한데, 남자의 성숙에 참고할 만한 롤모델을 거의 상실했습니다. 그중에서도 가장 극적으로 변화한 것은 가정 내 아버지의 역할입니다. 전 세계 모든 나라에서 비슷한 일이 일어나고 있으리라 생각하는데, 가정에서 아버지의 지위가 극도로 낮아졌습니다. 할리우드의 유명 영화 제작자이자 뛰어난 배우인 클린트 이스트우드가 최근 20년간 딸에게 미움받는 역할을 연기한 것으로도 느껴지는 사실이지요. 바깥에서는 슈퍼 히어로인 남성들이 가정 안에서는 충분한 존경도 애정도 못 받는 것은 이미 세계적인 경향인 듯합니다. 가정에서 아버지는 점점 중요하지 않은 사람이 되어가고 있습니다.

재작년 일입니다. 저와 친하게 지내는 다카하시 겐이치로高橋源一郎 씨라는 작가가 사이토 미나코斎藤美奈子 씨라는 평론가와 함께 그해에 발표된 빼어난 문학작품에 대해 논하는 자리를 가졌습니다. 그때 두 사람이 베스트 3으로 꼽은 것은 모두 여성 작가의 작품이었습니다. 세 작품 모두 어머니와 딸의 갈등을 다룬 것이었는데, 딸이 어머니의 압도적인 영향력에서 어떻게 벗어나는지가 중심 테마였습니다. 하나같이 매우 재미있는 소설이었습니다. 그런데 책 내용보다 더욱 흥미로웠던 것은 대담 중에 다카하시 씨가 "여기서 아버지의 역할은 무엇입니까?" 하고 질문했을 때의 반응이었습니다. 그 둘은 그 작품들을 최근에 읽었는데도 주인공 아버지가 죽었는지 살았는지조차 알지 못했죠. 가정 내에서 아버지의 존재감이 그만큼 희박해진 겁니다.

보통 최고로 칭송받는 문학작품에서 다루는 기본 테마는 아버지와 아들의 갈등이었습니다. 일본문학에서든 세계문학에서든 마찬가지였죠. 도스토예프스키의 《카라마조프가의 형제들》처럼 아버지와 아들의 갈등을 그린 작품이 무수히 많습니다. 그런데 지금은 그런 주제를 다루는 문학작품이 거의 존재하지 않게 되었습니다.

### 아버지의 몰락에서 가족의 해체까지, 경제 성장의 그늘

우리는 지금 어른이 없는 사회를 살고 있습니다. 어른이 없는 사회는 우리 스스로가 반세기에 걸쳐 만들어낸 것입니다. 남녀의 성차가 사라진 사회와도 일치하는 면이 있습니다. 1960년대부터 아버지와 아들의 차이 혹은 구별이 사라졌고 1980년대부터는 남성과 여성의 차가 좁혀지기 시작했습니다.

일본에는 아주 독특한 법률이 하나 있습니다. 1985년에
제정된 '남녀고용기회균등법'이라는 법률입니다. 고용할 때
남자와 여자를 차별해서는 안 된다는 법입니다. 당연히 페미
니스트들이 쌍수를 들고 환영했습니다. 그런데 사실 이 법
안을 가장 강력하게 추진한 것은 다름 아닌 재계인들이었습
니다. 그들에게는 다른 숨은 목적이 있었습니다. 그 목적이
란 생산 주체, 소비 주체로서의 남녀 균일화입니다. 남녀가
똑같은 욕망을 갖게 한다는 겁니다. 남자든 여자든 권력과
돈, 지위를 원하도록 욕망을 균일화하는 거죠. 재계에서 이
런 일을 추진한 것은 당연한 일입니다. 사회 구성원의 욕망
이 균일화되면 될수록 생산 비용cost이 낮아지기 때문입니
다. 또한 동일한 상품을 원하는 사람이 많으면 많을수록 이
익이 늘어납니다. 시장의 입장에서 본다면 소비자의 균일화
는 아주 이상적인 상황입니다.

생산 주체로서 남녀의 차이를 없애는 것 또한 재계에는
커다란 이점이 됩니다. 이전까지 남성만 채용하던 직책에 여

성도 지원할 테니까요. 단순 계산으로 지원자 수가 두 배 늘어납니다. 하나의 직책을 원하는 응모자가 늘어나면 늘어날수록 고용 조건은 악화됩니다. 그러니 고용하는 측에서는 되도록 노동자들을 균일화하려 합니다. 고용 조건을 낮출 때 가장 효과적인 말이 '널 대신할 사람은 얼마든지 있다'이니까요. 교환 가능한 노동 주체를 대량으로 만들어내는 것. 이것이 생산 비용을 낮추는 필수 전략이었던 겁니다.

이 시기에 평행적으로 일어난 또 한 가지 변화가 가족 해체입니다. 1980년대에 일본의 가족, 친족 집단이 급속도로 붕괴했습니다. 이것 역시 시장의 요구였습니다. 가족의 규모가 작아질수록 소비활동이 활발해지니까요. 왜 그런가 하면 사람이 적을수록 합의가 쉽기 때문입니다. 가장 합의가 간단한 것은 1인 가정이죠. 자신이 번 돈을 혼자 쓸 때는 누구와도 의논할 필요가 없으니까요. 가족이 있다면 결코 용납되지 않을 법한 소비활동도 가능합니다. 사람에 따라서는 몇 달치 월급을 단숨에 써버리기도 합니다. 옆에서 보면 너무 무모한 소비활동이지만 말리는 사람이 주위에 없습니다.

어른이 없는 사회에서 어른이 된다는 것

1980년대 일본은 거품경제bubble Economy 시대를 맞이했습니다. 일본 역사상 소비활동이 가장 활발했던 시기였습니다. 이 시기는 일본의 가족 해체 시기와 완벽히 일치합니다. 가족 해체 현상이 시장을 급격히 거대화시킨 겁니다. 가족이 해체되어, 개개인이 삶의 방식을 자기결정하게 된 덕분에요. 자기결정이라 말은 하지만, 실제로는 소비활동에 대한 자유 이용권을 얻은 셈입니다. 1980년대에 가족의 해체와 급격한 경제 성장, 거품경제가 동시에 일어나면서 생긴 현상이죠.

## 성숙할 기회를 잃은 오늘의 아이들

아이들은 갈등 속에서 성장합니다. 부권제 사회에서는 아이의 진로에 대한 결정권을 아버지가 가지고 있었습니다. 여기서 흥미로운 건 부권제 사회에서 아버지가 아이에게 내리던 지시가 항상 틀렸다는 점입니다. 예를 들면 아이는 예술가가 되고 싶어 하는데 아버지는 법학부 진학 후 변호사가 되라고 강요하는 식이지요. 아이의 욕망을 정확하게 파악하는 쪽은 어머니입니다. 하지만 어머니에게는 아이의 미래에 대한 결정권이 없었습니다. 아버지는 결정권만 지녔을 뿐 자녀의 마음은 알지 못했습니다. 그 사이에 생기는 틈에서 아이는 숨을 쉴 수 있었습니다. 대립하는 아버지와 어머니의 육아 전략 사이에 아이들이 살아갈 수 있는 공간이 있었던 거죠. 과거에 어머니의 육아 전략과 아버지의 육아 전략은 물과 기름처럼 양립할 수 없는 것이었습니다. 아이는 이런 육아 전략 간의 대립 사이에서 어느 쪽을 믿어야 할지 망설이고 갈등할 수 있었습니다.

아이러니하게도 부권제 사회에서는 아버지가 미성숙하거나 인간성에 대한 이해도가 낮을수록 아이가 잘 성장했습니다. 정말 잘 만들어진 시스템이죠. 아버지가 미성숙하고 아이들에 대한 이해가 부족한, 상상력이 부족한 인간일수록 아이들은 성장할 기회를 얻었던 겁니다. 그러나 가정에서 아버지의 권한이 사라짐과 동시에 아이들은 망설일 자유를 잃어버렸습니다.

현재 우리가 처한, 아이의 성숙이 지극히 어려워진 사회의 배경에는 이렇게 다양한 사정이 있습니다. 반부권주의 흐름, 가족의 해체, 남녀노소의 욕망 균일화 등등……. 이런 다양한 이유로 아이의 성숙이 매우 어려워진 것이 현재 상황입니다.

이런 상태로 약 반세기가 지났습니다. 제가 기억하기로는 이 반세기 동안 아이의 성숙이라는 문제가 본격적으로 대두된 적이 한 번도 없습니다. 그런데 최근에 '어른이 없는 사회에서 아이가 어떻게 성숙할 수 있는가'가 사회적으로 문제가 되기 시작했습니다. 그만큼 사회적 환경이 바뀌었다는 거죠. 가족이 해체되었다는 이야기는 그만큼 세상이 풍족하고 안전했다는 의미입니다. 안전하고 윤택할 때는 사람들이 아무리 미성숙해도 곤란할 일이 없습니다. 모두 어린 아이라도 전혀 상관이 없습니다. 오히려 모두 미성숙해서 서로 구분되지 않는 상황을 우리 사회가 요구했다고도 볼 수 있을 것입니다.

안타깝게도 그런 상황이 계속된 결과, 세상은 더이상 안전하지도, 풍족하지도 않게 되어버렸습니다. 우리에게는 사회에 어른이 없다, 아이를 성숙시킬 프로세스가 없다며 불평할 자격이 없습니다. 우리가 그렇게 되도록 만들어왔으니까요. 하지만 지금의 사회는 한계에 달했고, 일정 수의 어른이 없으면 곤란한 상황을 맞았습니다. 이렇게 어른이 없는 사회에서 아이들의 성숙을 어떻게 지원할 것인가 하는 문제가 대두되었습니다만, 사실 이런 문제는 설정부터가 잘못됐습니다. 아이들의 성숙을 지원하는 프로그램 따위는 존재하지 않기 때문입니다. 앞서 말씀드린 대로, 아이들은 갈등 속에서 성장합니다. 아이들에게는 서로 다른 성숙 프로그램을 제공하는 다양한 어른이 있어야 합니다. 서로 전혀 다른 육아 전략을 지닌 어른들과 마주해야 합니다. 육아, 아이들의 성숙을 지원하는 일은 공동작업이고, 단일 프로그램은 존재하지 않습니다. 부모 한 명이 올바르다고 여기는 성숙 프로그램을 가지고 있어봤자 소용없습니다. 여러 어른이 서로 다른 말을 해주지 않으면 의미가 없습니다. 예전에는 가정에 부모 외에도 고모, 외삼촌 등 다양한 가족이 있어서 다양한 의견을 접할 수 있었는데 핵가족화가 진행되면서 지금 아이들에겐 그런 기회가 사라져버렸죠.

어른이 없는 사회에서 어른이 된다는 것

다양한 의견을 접할 기회가 없는 건 학교에서도 마찬가지입니다. 교사라는 말은 복수입니다. 복수의 교원이 하나의 '교사'가 되는 겁니다. 올바른 교육방법을 가진 한 사람의 교사라는 것은 존재할 수 없습니다. 교사마다 교육이념이 다르고, 교육방법이 다르고, 아이들에게 기대하는 바와 명령하는 바가 달라야 합니다. 이렇게 다른 선생님들이 모여 하나의 교사단을 이루어야 비로소 교사가 됩니다. 좋은 교사라는 말은 사람이 아니라 상황을 의미합니다. 다양한 교육방법과 교육이념을 가진 사람들이 한 명의 아이와 마주하는 상황 자체를 의미하는 겁니다.

만약 모든 교사가 하나의 교육 프로그램을 공유한다면 아이는 절대 성장할 수 없습니다. 학교 선생님의 역할이란 본래 어머니나 아버지와 전혀 다른 말을 아이에게 해주는 것입니다. 결코 똑같이 이야기해서는 안 됩니다. 똑같은 말을 하지 않는 것이 역할입니다. 지금 우리 사회에서는 이게 완전히 역전되어 있습니다. 부모의 육아 전략이 똑같지 않으면 안 된다고, 학교의 교사도 부모와 똑같은 교육방침을 가져야 한다고 주장합니다. 이런 상황은 아이의 성장을 조직적으로 방해합니다.

## 정답은 없다

'어른이 없는 사회에서 어떻게 어른이 될 수 있는가?'라는 질문에 대한 저의 답은 '정답이 없다'라는 겁니다. 굳이 따지자면 '모두가 전혀 다른 이야기를 하는 것'이 정답에 가까울 수는 있을 것입니다. 다들 같은 이야기를 하면 아이는 절대 성장할 수 없습니다. 물론 저마다 다르게 이야기하더라도 그 이야기들에는 하나의 공통점, '성숙하라'는 메시지가 담겨 있습니다. 성숙의 반대말은 미숙이 아닌 트라우마입니다. 동일한 경험을 반복적으로 체험하는 것, 아무리 새로운 일을 경험해도 과거의 기억이 변하지 않는 것이 트라우마입니다.

성장이라는 말에 여러분 중 대다수는 앞을 향해 나아간다는 이미지를 갖고 계실 것 같은데요, 사실 그렇지 않습니다. 성장은 뒤를 돌아보면서 나아가는 것입니다. 한 걸음 걸을 때마다 자신이 걸어온 길의 의미가 변하는 것. 풍경이 변하고, 자신이 경험한 일의 의미가 달라지는 것. 그것이 성장입니다.

그렇다면 어떻게 뒤를 보고 걸어갈 수 있을까요? 바로 등으로 느끼는 겁니다. 자신을 부르는 목소리를 듣는 것입니다. 영어로는 콜링calling 또는 보케이션vocation이라고 하는데 두 단어 모두 '소명'이라고 번역할 수 있습니다. 눈에 보이지는 않아도 들을 수 있는 것이 있습니다. 소명은 그렇게 등 뒤에서 부르는 소리를 듣고 자기를 부르는 곳을 향해서 걸어가는 걸 말합니다. 성숙하는 아이란 여러 어른이 해주는 다양한 이야기 속에서 자신이 들어야 할 목소리를 가려내 그 방향으로 걸어가는 아이입니다. 목소리가 하나밖에 들리지 않는 경우, 어른이 한 명뿐이거나 다른 어른들이 모두 침묵하는 상황은 결코 아이를 성장시키지 못합니다.

지금 한국과 일본은 똑같이 자본주의의 위기에 직면해 있습니다. 더이상의 경제 성장을 기대할 수 없게 되었고, 인구도 자원도 줄어들고 있습니다. 혼자서는 살아갈 수 없으

아이들은 갈등 속에서 성장합니다.
아이들에게는 서로 다른 성숙 프로그램을
제공하는 다양한 어른이 있어야 합니다.

어른이 없는 사회에서 어른이 된다는 것

므로 집단, 공동체를 형성해서 서로서로 지원하며 살아야 합니다. 성숙이란 타자와 함께 사는 지혜입니다. 자신과 생각도 다르고 느끼는 방식도 다른 사람과 함께 살아가는 지혜와 힘을 성숙이라고 부릅니다. 선생님들이 아이들에게 이렇게 말해주셨으면 합니다.

"너는 나한테는 이런 사람으로 보이지만, 다른 면을 보는 사람들도 많이 있을 거야."

아이를 키우는 일은 사회 전체의 공동 작업입니다. 아이를 성장시키는 프로그램이 사라진 것은 겨우 반세기 전의 일입니다. 인류사가 시작된 이래 끊이지 않고 존재해온 걸 다시 되찾으면 그만입니다. 그러기 위해서는 우선 아이를 성숙시키는 하나의 올바른 프로그램이란 가능하지 않다는 의식부터 공유해야 합니다. 성숙 지원 시스템의 본질은 누구나 할 수 있다는 점에 있습니다. 각자 자기 생각대로 하면 됩니다. 각자가 믿고 있는 것을 아이들에게 전해서 아이들을 깊은 혼란과 갈등 속으로 몰아넣어야 합니다. 성숙에 가장 큰 장애가 되는 것은 의견이 하나뿐인 것입니다.

제가 오늘 여기서 '성숙'과 '어른 없는 사회'에 대해서 이러쿵 저러쿵 떠든 것에 대해 여러분이 보여주실 가장 건전한 반응은 '와, 너무 감명깊은 이야기를 들어서 오늘 강연에 오길 잘했다' 같은 반응이 아닙니다. '이런 말도 안 되는 이야기를 하려고 저 멀리 외국에서 왔나?' 같은 반응이 훨씬 바람직 하죠. (청중들 웃음) 성장을 위해서는 저 같은 사람이 하는 말도 듣고, 동시에 저와 정반대로 이야기하는 사람의 말도 듣는 것이 필요합니다. 이런저런 사람들이 다양한 이야기를 들려줘야 합니다. 간단한 일 아닙니까? 아이들에게 들려줄 이야기를 하나로 통일하려고 하는 것 자체가 잘못된 겁니다. 여기까지가 제가 '어른이 없는 사회에서 어른이 되는 것을 지원하는 프로그램'에 대해서 하고 싶은 이야기입니다.

강의 동영상으로 연결되는
QR코드입니다.

# 교육은 실패라는 말을
## 허용하지 않는다

5, 6년쯤 전에 오사카 시의 특별고문을 맡은 적이 있습니다. 당시 오사카 시장 히라마츠 씨에게서 교육 부문 특별고문을 맡아주지 않겠느냐는 의뢰를 받아 수락했지요. 담당 부서 직원이 전화해서 "특별고문 위임장을 드릴테니 오사카 시청으로 오십시오"라고 하기에 시청에 갔더니 갑자기 지금부터 있을 기자회견에 동석해달라는 겁니다. 기자회견 중에 갑자기 특별고문으로서 결의를 표명해달라고 해서 어쩔 수 없이 즉석에서 말을 시작했습니다. 두 가지 부탁드릴 것이 있다

고. 하나는 시장님이 교육에 개입하지 말고 교육의 독립성을 보장하라는 것이고, 다른 하나는 교육은 교사에게 맡겨주었으면 한다는 것이었습니다.

## 교육은 사회공통자본이다

세상에는 종사자들의 멘탈리티가 변하지 않는 직업이 몇 가지 있습니다. 사법과 의료는 정권의 변화나 경제 상황의 변화에 휩쓸리면 안 됩니다. 정권이 교체되었다고 사법적 판단이 바뀌면 안 되는 것이죠. 경기가 좋아지거나 나빠짐에 따라 의료 내용이 달라지면 곤란합니다. 교육과 종교도 그렇습니다.

인간이 살아가기 위해서, 집단이 살아남기 위해서 꼭 있어야 하는 것을 사회공통자본이라고 하지요. 첫 번째 사회공통자본은 자연환경입니다. 공기나 대지, 바다와 강, 숲 등입니다. 이게 없으면 인간은 살아갈 수 없습니다. 이런 것들을 정치 권력이나 기업에 맡길 수는 없습니다. 누구도 사유해서는 안 됩니다. 두 번째는 사회 인프라입니다. 교통망, 상하수도, 통신망 등이 여기 해당합니다. 전기나 가스 같은 라이프라인도 마찬가지입니다. 이 또한 없어서는 살아갈 수 없습니다. 인간이 살아가기 위해 필수불가결한 이런 것들은 정치나 경제에 종속되어서는 안 됩니다. 우리가 직접 관리하지 않으면 안 됩니다. 정치적 목적에 이용되어선 안 됩니다. 사회공통자본은 전문가가 전문적인 지식에 기초해서 관리해야 합니다. 세 번째는 앞서 이야기한 사법, 의료와 교육입니다. 당연히 사회공통자본인 교육은 전문적인 사람에게 맡기지 않으면 안 됩니다. 그 전문가란 교사입니다.

학교교육은 정치나 경제, 미디어 등과 다른 시간의 흐름 속에 있습니다. 학교교육의 시간은 굉장히 느리게 흐릅니다. 정치가 한 사람의 신념이나 정치적 입장으로 인해 바뀔 수 있는 것이 아니지요. 그래서 오사카 시장에게 교육에 관여하지 말아달라고 말했던 것입니다.

교육이라는 사회공통자본의 특징은 실패라는 말이 허용되지 않는다는 것입니다. 어떤 교육정책을 실행해보고 몇 년 뒤에서야 틀렸다는 말은 용납되지 않습니다. 틀렸으니 이번엔

041

다른 교육정책을 실시해보자는 태도는 허용할 수 없습니다. 왜냐하면 이미 그 교육을 받은 아이들이 있기 때문입니다. '너희들은 잘못된 교육을 받은 실패작'이라고 말할 수는 없습니다. 공장이라면 그럴 수도 있습니다. 특정 제품에 대해서라면 '제작법이 잘못되었다, 불량품이다' 하고 폐기할 수 있습니다. 하지만 교육에서는 그럴 수 없습니다.

## 교육의 성패와 그 책임에 관하여

앞서 이야기한 대로 학교교육의 사회적 책무는 차세대를 키워내는 것입니다. 학교교육을 통해 그들이 정말로 잘 성숙했는지 아닌지는 30년, 50년 후에 우리 사회가 순조롭게 기능하는지의 여부로밖에 판단할 수 없습니다. 그런데 그때에 현재 정치 개혁, 교육 개혁을 추진하고 있는 정치가들은 살아 있지 않을 겁니다. 교육 평론가나 교육 저널리스트도 마찬가지고요. 자신이 주장하고 요구하는 사항의 옳고 그름을 확인할 수 없다면 제도 개혁에 대한 발언을 하지 말아주었으면 합니다.

그러면 교사들은 어떻게 그 책임을 질 수 있는 것일까요? 교사는 개인이 아니기 때문입니다. 교사라는 존재는 집단으로밖에 기능하지 않습니다. 복수의 교사가 집단을 형성해야 비로소 기능하는 것입니다. 교사 집단은 수평적인 공동체입니다. 같은 시대에 태어나 같은 학교에서 일하며 동료로서 함께 교육활동을 하는 집단입니다. 하지만 그것뿐만이 아닙니다. 수직적 공동성도 존재합니다. 시대를 넘어 교사들이 서로 역할을 교대하며 하나의 교사단을 이어나갑니다. 30년, 50년을 넘는 수명을 가진 교원 주체가 통일성을 갖고 존재합니다. 그런 일을 할 수 있는 건 긴 생명력을 가진 집단뿐입니다. 그렇기 때문에 교사들은 교육에 관해서 책임질 수가 있는 것입니다. 앞서 교사들은 굉장히 타성이 강한, 100년이 지나도 멘탈리티가 변하지 않는 존재라고 말씀드렸습니다. 물론 100년 전의 교사와 지금의 교사 개인들을 비교하면 전혀 다를 겁니다. 하지만 교사 전체로 본다면, 교사 집단이 가진 기능이라는 측면에 있어서는 그다지 차이가 없습니다. 그러므로 학교교육을 담당하는 교사들에게 급격한 변화를 요구

교육은 실패라는 말을 허용하지 않는다

해서는 안 된다는 것입니다. 교육은 긴 시간을 두고 많은 사람이 공동체를 이루어 하는 일입니다. 동시대 사람들과도 공동 작업을 하고 있지만, 죽은 사람과도 공동 작업을 합니다. 아직 태어나지 않은 사람들과도 마찬가지입니다. 이렇게 많은 사람과 공동 작업을 할 수 있는 사람만이 30년, 50년이라는 기나긴 시간이 흐른 뒤에야 성과를 확인할 수 있는 교육 활동에 종사할 수 있습니다. 기자회견에서도 그렇게 이야기 했는데요, 당시 언론은 제 말의 진의를 이해하지 못했습니다.

## 학교는 주식회사가 될 수 없다

제가 특별고문을 맡고 1년 6개월이 지났을 즈음 열린 시장선 거에서 히라마츠 씨는 낙선했습니다. 이때 히라마츠 씨 대신 하시모토 토오루가 시장이 되었습니다. 그가 행한 교육개혁 은 한마디로 학교를 주식회사로 바꾸는 일이었습니다. 보통 교사들은 한 학교에서 4~5년 정도는 근무하기 마련인데 갓 부임한 교장이 다음 학기부터 이러저러한 걸 새롭게 하라고 갑자기 명령하면 어떻게 될까요. 좀처럼 실현되기 어려울 겁니다. 이런 현상을 두고 하시모토 씨는 교사의 규칙 위반이라고 했습니다. 조직 관리가 이루어지지 않고 있다며 모든 교직원이 교장의 명령에 일괄적으로 따라야 한다고 주장했습니다. 민간기업에서는 전부 그렇게 하고 있다면서요. 그는 교원들이 개개인이 아닌 집단으로 일한다는 사실을 이해하지 못한 듯합니다.

다음으로 그는 학교 등급제를 시행했습니다. 그는 학교를 주식회사에 빗대어 봤을 때 마켓, 시장에 해당하는 것이 지원자라고 생각했습니다. 매상에 해당하는 성과는 진학률이나 취업률이었습니다. 학교의 힘을 그런 식으로 수치화할 수 있다고 생각한 것이죠. 그런데 이런 지표는 해당 연도에만 측정할 수 있는 것입니다. 작년과 올해의 진학률과 취업률, 학력 테스트 성적을 비교하는 식이지요. 이런 수치는 한 해라는 시간 속에 일어난 변화만을 나타낼 뿐입니다. 그래도 수치를 올리기 위해 각 학교는 열심히 움직였습니다.

민간기업이라면 이래도 문제 없다고 생각합니다. 기업 경영방침의 옳고 그름을 시장이 즉각적으로 판단해주기 때

교육은 실패라는 말을 허용하지 않는다

문입니다. 꼭대기에서 내린 지시가 즉시 말단까지 전해져 그것이 곧장 상품으로, 경영행동으로 실현되는 것이 이상적입니다. 여기에 대해 시장은 지체 없이 반응을 보입니다. 이것이 비즈니스맨이 생각하는 모델입니다. 학교를 이런 모델에 맞춰 새롭게 만들어보자는 게 하시모토 씨의 발상입니다. 학교를 기업처럼, 공장처럼 생각한 거죠. 그러나 여기에는 큰 잘못이 있습니다. 그건 학교가 만들고 있는 것, 학교가 취급하는 것이 살아 있는 사람이라는 점입니다.

많이들 착각하는 것이 있습니다. 교사조차 착각하고 있을 수도 있는데요. 학교에는 시장이 존재하지 않으며 학교가 만들고 있는 것은 상품이 아닙니다. 학교가 만드는 것은 다음 시대를 짊어질 젊은이들입니다. 앞서 말씀드린 대로 학교교육이 성공했는지 실패했는지는 30년, 50년 후에나 알 수 있습니다. 교육의 성과를 판가름하는 건 단 한 가지 척도입니다. 우리가 기른 아이들이 성숙한 시민이 되어 사회를 어떻게 지탱하는가입니다. 그 사회가 반세기 후, 100년 후에도 존속하여 순조롭게 기능하는지의 여부를 확인하고서야 비로소 교육의 성과를 판단할 수 있는 것입니다. 만약 누군가 당신네 학교에서 실천하는 교육의 성과를 보여달라고 한다면 우리는 '30년 기다려달라'라고 답할 수밖에 없습니다.

지금 일본은 학교뿐 아니라 국가 자체를 주식회사화하는 방향으로 나아가고 있습니다. 하시모토 토오루와 아베 신조 총리가 자주 하는 말이 있습니다.

"만약 당신이 내 정책에 반대하고 싶다면, 다음 선거에서 날 떨어뜨리시오."

이건 비즈니스맨의 말이지 나라를 통치하는 인간의 말이 아닙니다. 자신의 다음 세대나 그다음 세대가 어떤 피해를 입을까를 고민하며 아파할 수 있는 사람이 아니라면 정책을 결정하는 자리에 있어서는 안 됩니다. 그런데 지금 일본의 총리대신은 자기 정책이 마음에 들지 않으면 다음 선거에서 자신을 떨어뜨리라고 말합니다. 자신이 얼마나 많은 실책을 범하든, 일본이란 나라와 국민뿐만 아니라 인근 국가에 어떤 피해를 주든, 그 책임은 자신이 선거에서 떨어지면 전부 끝이라는 뜻입니다. 이건 CEO의 발상입니다. 어떤 잘못을 하고, 아

교육은 실패라는 말을 허용하지 않는다

다음 세대나 그다음 세대가

어떤 피해를 입을까를 고민하며 아파할 수 있는

사람이 아니라면

정책을 결정하는 자리에 있어서는

안 됩니다.

무리 큰 경영 판단상의 실수를 범하더라도 파산하면 그만입니다. 그게 주식회사의 구조입니다.

원전 사고로 국토가 오염되고 수많은 사람이 건강상의 피해를 입었습니다. 만약 앞으로 도쿄전력이 그 부하를 견디지 못하고 파산한다면 제염除染 비용이나 부흥을 위한 모든 비용이 세금으로 지불됩니다. 국민은 건강 피해나 국토 손실 등의 형태로 괴로움을 겪고, 책임질 회사가 파산한 뒤에는 자신들이 낸 세금으로 뒤처리하는 이중 피해를 입는 겁니다. 하지만 기업 입장에서는 도산하면 그만입니다. 유한책임이니까요. 이런 발상은 재계뿐 아니라 정치계에도 만연해 있습니다. 정부, 지자체, 민간의 학교에 이르기까지 모든 제도가 주식회사처럼 바뀌고 있습니다. 그로 인해 일본 사회의 구조, 특히 젊은 사람을 키우는 시스템이 붕괴하고 있습니다. 교사에게 등급이 매겨지고, 분단됩니다. 이런저런 회의 참석, 막대한 양의 서류 작업 등 장시간 노동에 시달립니다. 그 탓에 연구할 시간과 교육할 시간, 아이들과 만날 시간조차 빼앗기고 있습니다.

교육은 실패라는 말을 허용하지 않는다

일본은 현재 RU11(Research University 11)이라는 11개 대학에 교육자원을 집중시키는 정책을 채택하고 있습니다. 선택과 집중 원칙에 따른 것입니다. 주식회사화된 대학은 중기 계획을 제시할 것을 요구받는데, 앞으로 6년 동안 어떤 비전을 갖고 있는지만 제시하면 끝입니다. 이후의 일은 생각하지 않아도 된다는 식입니다. 이 6년이란 시간은 일본 주식회사의 평균 수명입니다. 그 결과, 2006년 이후 일본의 학술 논문 발행수가 격감했습니다. 이전에는 세계 최고 수준이던 일본의 학술력이 지금은 회복 전망조차 보이지 않습니다.

일본은, 일본의 학교는 심각하게 병들어가고 있습니다. 여기서 어떻게 탈출하면 좋을지, 학교와 교사가 길을 잃고 망연자실한 상태입니다. 이 커다란 흐름에 거역하고 저항하기 위해서는 학교라는 제도가 정치나 경제와 연동해서 변화하는 시스템이 아니라는 점을 확실하게 선언해야 한다고 생각합니다.

한국이 어떻게 될지는 제가 추측할 수 없습니다. 만약 학교교육이 건전하게 기능하고 있다면 일본과 같은 일은 없을 지도 모릅니다. 하지만 정치나 경제계가 학교교육에 개입하여 주식회사화하려는 움직임은 전 세계적인 현상으로 저항하기 힘든 흐름이라 생각합니다.

이런 거대한 흐름에 저항하는 것은 혼자의 힘으로는 불가능합니다. 동시대를 살아가는 모든 교사와 하나의 집합체를 이루고 있다는 의식을 가지는 것, 학교 밖에서 대안학교나 사숙私淑을 운영하는 교사들과도 하나의 집합체를 이룬다는 의식을 가지는 것, 그리고 과거의 교사는 물론 미래의 교사와 공동체를 이루는 것. 이것 외에 저항할 수 있는 길은 없다고 생각합니다. 저도 일본에서 힘내고 있으니 한국의 선생님 여러분도 힘내시기 바랍니다.

교육은 실패라는 말을 허용하지 않는다

# 2015

## 두 번째 이야기

---

### 동아시아의 평화와 교육

일시 | 2015년 10월 19일

장소 | 전주교육대학교 황학당

주최 | 전라북도교육청 · 에듀니티

### 우치다식 공생의 필살기

일시 | 2015년 10월 20일

장소 | 백록초등학교

주최 | 전국교직원노동조합 제주지부 · 에듀니티

강의 동영상으로 연결되는
QR코드입니다.

# 동아시아의 평화와 교육

여러분, 안녕하십니까. 우치다 타츠루입니다. 한국말로 인사도 못 드려서 죄송합니다. 2012년부터 지금까지 4년째 계속 한국에 오고 있는데, 강연을 마치고 돌아가면 반드시 CD로 들을 수 있는 한국어 강좌 등을 구매해서 공부하자고 늘 생각하면서도 좀처럼 실천을 못 하고 있습니다. 죄송합니다.

작년부터 지금까지 계속 바쁜 나날을 보내고 있습니다. 특히나 올봄부터 아베 정권이 안전보장 관련법을 제정하며 평화헌법을 완전히 바꿈으로써 일본을 전쟁 가능한 나라로 만들려고 하는, 말도 안 되는 일을 추진해 어떻게든 저지하고자 여러분도 잘 알고 계실 사토 마나부 선생님과 함께 싸우고 있었습니다. 사토 선생님과 저는 알고 지낸 지 15년 정도 됐는데, 최근 사토 선생님께서 한국에서 강연하고 있다는 이야기를 꺼내셨고, 제 강연과 사토 선생님의 강연을 듣는 분들이 겹치는 것 같다는 이야기가 나와서 서로 의기투합하게 되었습니다. 평화 헌법 개헌에 반대하는 학자 모임을 만든 것입니다. 사토 마나부 선생님과 페미니즘을 연구하는 여성학자 우에노 치즈코, 저까지 셋이서 시작했지만 이후 헌법학자, 정치학자가 속속 참여하여 50명이 발기인 명단에 올랐고 지금까지 15000명에 달하는 학자를 모았습니다. 상당한 규모라고 볼 수 있는데요. 이렇게 짧은 기간에 이렇게 많이 모인 것은 1960년 안보조약 이후 처음 있는, 역사적인 일입니다.

## 학자회와 SEALDs의 연대

최근에 사토 선생님을 만난 것이 지난 7월 14일입니다. 중의

원에서 법안이 통과되기 전날 몇이 모여서 15000인의 서명

을 들고 의원실을 방문했습니다. 비서가 나와서 형식적으로

받고는 돌아가라고 하더군요. 그 후에 생각지도 못한 일이

일어났습니다. 국회의사당 앞에서 사토 선생님이 시간이 있

냐고 물으시더니 SEALDs* 학생들을 만나러 가지 않겠느냐

고 하신 것입니다. 그때 국회의사당 앞에서 SEALDs의 젊은

세 친구를 만났습니다. 사토 선생님이 그들과 만난 건 국회

*SEALDs: 자유민주주의 수호를 위한 학생 비상 운동(Student Emergency Action for Liberal Democracy). 아베 신조 총리의 통치에 대항하며 조직된 학생 운동 단체. 2015년 안전 보장 관련법에 초점을 맞추어 활동했으며 안전 보장 관련법이 가결되면서 2016년에 해산했다. 현재는 일종의 싱크탱크로 기능하며 언제든 다시 일어날 수 있다는 자세를 취하고 있다.

의사당 앞에서 SEALDs의 대표와 학자회의 대표가 함께 찍은 사진으로 포스터를 만들기 위해서였습니다. 원래는 사토 선생님 혼자 찍기로 했었는데, 옆에 있던 저도 같이 사진을 찍게 되었죠. 사진이 참 인상적으로 나왔습니다. 사토 선생님과 저는 약간 쭈그려 앉고 젊은 친구들이 뒤에 섰는데, 쭈그려 앉은 두 사람이 젊은 친구들이 든 플래카드를 지탱한다는, 약간 상징적인 구도였습니다. 학자회와 학생들의 모임이 서로 연대하기 시작했다는 느낌을 주는 심볼이랄까요.

어쩌다 보니 SEALDs 이야기를 먼저 했는데요. 결국 이 이야기가 오늘 주제인 동아시아의 평화 교육과 연결됩니다. SEALDs라는 단체가 만들어진 건 올해 5월 3일입니다. 우리가 만난 것이 7월이니까 설립 2개월 만인 셈입니다. 그런데 사토 선생님은 5월 무렵부터 바로 이 두 모임, 학자회와 SEALDs가 연대해서 개헌을 저지하는 방향으로 나아가는 구도를 구상하셨다고 합니다. 개헌안의 폐안은 기존의 정당이나 노동조합, 시민운동 단체가 아닌 완전히 새로운 조직의 역할이라고 생각하신 것입니다. 어떤 의미에서는 중립적인

두 번째 이야기 2015

입장이라고 볼 수 있겠죠. 좌익도 우익도 아닌, 색깔이 없는 입장에서 국민을 이끌고 나가지 않으면 실패할 거라고 생각하신 겁니다.

## 70년간의 평화가 흔들리고 있다

개헌안은 중의원에 이어 상의원에서도 통과되어 안타깝게도 채결되고 말았습니다. 이로써 일본은 전후 70년간 유지해온 평화국가, 전쟁하지 않는 국가에서 전쟁할 수 있는 국가로 국책을 바꾸게 되었습니다. 집단적 자위권이 행사된다는 것은 쉽게 말해서 미군과 행동을 같이한다는 의미입니다. 전쟁이 일어나면 파병해서 미군과 함께 전쟁을 할 수 있게 된 것이지요. 자위대가 파병될 수 있는 나라를 꼽는다면 남수단이나 중동, 아프가니스탄, 시나카이 반도 남부 등이 있겠네요. 그렇게 70년 동안 유지해온 평화국가에서 전쟁을 할 수 있는 나라로 바뀜에도 불구하고, 일본 국민의 40퍼센트가 여전히 아베 내각을 지지합니다. 강제 개헌 추진 후 잠시 지지율이 떨어졌는데 다시 올라가고 있습니다.

대체 일본 사람들은 무슨 생각을 하고 있는지 계속 의문이 생깁니다. 아베 내각이 너무나 불합리하고 공격적인 행동을 하는데도 불구하고 왜 계속 지지하는지 말입니다. 지난 70년 동안 일본은 어느 나라에도 파병하지 않았고, 어느 나라와도 전투한 적이 없고, 한 명도 죽이지 않았습니다. 군인을 한 명도 죽이지 않고 한 번도 파병하지 않았다는 점에서 동아시아 국가 가운데 가장 예외적인 나라가 아닐까요? 제대로 된 일본 시민이라면 70년 동안 유지해온 이런 입장을 앞으로 어떻게 계속 유지해갈 수 있을지 궁리해야 한다고 생각합니다.

지금의 일본 정부는 평화주의를 상당히 부끄러워하고 있습니다. 세계 곳곳에 전쟁과 분쟁이 일어나고 있는데 일본인만 아무것도 하지 않고 있다는 논리입니다. 세계의 수많은 젊은이가 전쟁에서 피 흘리는데 왜 일본인들은 피 흘리지 않고 있냐는 거죠. 젊은 일본인이 세계를 위해 피를 흘려야 국제 사회의 경의를 획득할 수 있다고 믿는 인간이 실제로 상당수 있습니다. 어떻게 보면 이런 발상 자체가 70년간 이어져온 평화로 인한 '사고 정지'가 아닐까 생각합니다.

일본에는 '평화보케平和ぼけ'라는 말이 있습니다. 평화가 너무 오래 지속된 나머지 그 소중함을 모르는 바보가 되었다는 뜻입니다. 70년 동안 평화를 유지하다 보니까 국제 감각이 무뎌지고 국제적인 상식을 잃어버렸다는 거죠. 저는 이 야기가 거꾸로 됐다고 생각합니다. 평화보케란 전쟁을 하지 않으면 존경을 못 받는다고 생각하는 그 사고방식을 가리키는 것이 아닐까 싶습니다. 70년간 평화가 이어졌다는 것은 현재의 일본인 가운데 전쟁을 경험한 사람이 1퍼센트도 안 된다는 뜻이기도 합니다. 정권 내부에는 한 명도 없습니다. 재계나 언론, 학계에도 없습니다. 현대 일본의 정책을 결정하는 사람 중에서 전쟁을 경험한 사람은 단 한 사람도 없습니다. 그런 사람들이 이제 전쟁을 하자고 말합니다. 실제로 6개월 전, 어느 재계인이 이렇게 말했습니다.

"이제 슬슬 전쟁이라도 해야 되지 않겠는가?"

그들에게 전쟁은 하나의 비즈니스, 사업 같은 겁니다. 정치계도 같은 생각이지 싶습니다. 여러분도 잘 알고 계시겠만 9·11 테러 전에는 부시 정권의 지지율이 상당히 낮았는데 테러 후 90퍼센트까지 회복했습니다. 국내적으로 외교적으로 실정을 하더라도 전쟁이 나면 지지율이 올라갑니다.

## 일본의 대미종속을 통한 자립 전략

아베는 2012년부터 계속 정권을 잡고 있습니다만, 국내에서나 외교적으로나 눈에 띄는 성과를 내지 못했습니다. 외교적으로는 거의 다 실패죠. 한국이나 중국과의 관계는 전후 최저 수준입니다. 미국과의 관계도 그리 좋지 않습니다. 미국 입장에서는 일본은 아주 이용하기 편한, 쉬운 동맹국일 것입니다. 결코 대등한 동맹관계는 아니죠. 일본이 미국에 대해 어떤 의견을 내는 일이 없잖아요. 미국이 일본의 견해와 다른 정책을 펴더라도 이렇다 저렇다 말하는 게 없습니다. 명령받을 뿐이죠.

일본은 70년 동안 미국의 군사적 종속국이었습니다. 국제 사회에서는 모두 아는 이야기입니다. 일본은 미국의 속국이자 위성국이나 마찬가지입니다. 일본에게 국가주권 같은 것은 없습니다. 미국에게 패배한 뒤 얼마간은 정치가나 권력자 들이 '주권을 갖고 있지 않다'는 사실을 자각하고 있었습니다. 전후 일본의 기본적인 국가 전략은 대미종속을 통해 대미자립하는 나라, 즉 종속을 경유하고 나서 자립하는 나라로 성장해야 한다는 관점을 갖고 있었습니다. 어쨌든 미국 말을 듣고, 미국의 신뢰를 획득할 것. 그리고 그 신뢰를 발판으로 독립할 것. 종속을 통한 독립이라는, 일견 기묘한 전략이긴 해도 실제로는 아주 합리적인 생각이었습니다. 합리적이라기보다 패전국인 일본에게는 그 외의 선택지가 없었다고 말하는 것이 더 정확하겠지만요.

1945년, 전쟁에서 패배한 뒤 일본은 미국의 지배에 전혀 저항하지 않았습니다. 철저히 종속된 덕분에 1951년 샌프란시스코 조약에서 국가주권을 회복했습니다. 샌프란시스코 강화조약은 당시 패전국에게 상당히 관대한 조약이었습니다. 묵묵히 종속당한 대가로 국가주권을 회복한 것이지요. 그 6년 동안 일본인들이 학습한 것은 '역시 대미종속은 필요하다'는 인식이었습니다. 사람들 마음속에 대미종속이 필요하다는 관점이 내면화된 셈입니다. 그 후로 일본은 동아시아에서 미국이 펼치는 모든 정책을 지지했습니다.

6·25 전쟁에서 일본은 미국의 기지였습니다. 베트남 전쟁 때도 그랬지요. 그 덕분에 1968년에 오키나와 아래의 오가사와라 제도를 돌려받았습니다. 1972년에는 오키나와가 반환되었습니다. 두 번의 전쟁을 전면적으로 지원한 결과 국토를 회복한 셈입니다. 그러니 1972년까지만 하더라도 대미 종속을 통한 자립 전략은 어느 정도 성과를 냈다고 볼 수 있습니다. 강화조약을 통해 국가주권을 회복했고, 두 번의 전쟁을 후방 지원하여 국토를 회복했습니다.

### 미국의 분할 통치 전략

1972년에 발표된 일중 공동성명은 매우 이례적인 사건이었습니다. 당시 총리였던 다나카 가쿠에이*가 미국의 허락을 받지 않고 일중 공동성명을 체결했지요. 미국의 허가를 얻

---

*다나카 가쿠에이田中 角栄(1918~1993): 일본의 64, 65대(1972~1974) 내각총리대신을 지낸 정치인. 1972년 중화인민공화국과의 국교를 수립하는 일중 공동성명을 발표했다.

지 않고 일본이 독자적으로 한 외교 결정은 이것이 마지막이 된 셈인데요, 그 후 다나카 가쿠에이의 운명은 완전히 바뀌었습니다. 어떤 사건에 연루되어 체포되고, 사실상 정치 생명이 끝장났습니다. 당시 미국 대통령은 닉슨, 국무장관은 키신저였는데 특히 키신저는 "다나카를 절대 용서할 수 없다"라고 말하기까지 했습니다.

이런 분노의 가장 큰 이유는 일본이 종주국인 미국의 허가 없이 외교적 결정을 내렸다는 점이었겠지만, 또 하나의 이유는 미국의 서태평양, 동아시아 지배 전략을 지탱하는 심플하면서도 강력한 '룰'에 위배되는 행위를 일본이 했기 때문이라 생각합니다.

미국과 영국의 지배층인 앵글로색슨인의 식민지배 원칙은 '분할해서 통치한다'입니다. 식민지를 통치할 때 가장 중요한 것은 식민지 간에 횡적 연대를 불가능하게 만드는 것입니다. 미국 입장에서는 동아시아 국가들이 어느 정도 긴장을 유지하는 편이 좋습니다. '어느 정도의 긴장'이란 전쟁은 하지 않지만 불신감이 남아 있어서 결코 우호적인 관계를 맺지 못하는 상태를 의미합니다.

　미국의 동아시아 전략은 지금도 19세기와 크게 다르지 않습니다. 어느 정도 긴장관계를 유지하되 전쟁이 일어나선 안 되고, 사이가 좋아서도 안 된다는 거죠. 전쟁이 일어나지 않는 수준의 적대관계 속에서 상호 불신하는, 그런 상태에 계속 머물게 만드는 게 미국의 전략입니다. 이건 딱히 미국이 사악해서가 아니라 분할 통치가 식민지 지배의 기본이기 때문입니다. 그러다 보니 동아시아에서 국가 간 문제가 생길 때마다 미국이 불려옵니다. 예를 들어 북한 문제에 관해서는 6개국이 협의한다면 반드시 미국이 불려옵니다. 한일관계나 중일관계에서도 마찬가지입니다. 미국은 당사자 국가들끼리 해결하는 상황을 원하지 않습니다.

　한일관계를 예로 들어보자면, 미국 입장에서 일본은 미일안전보장조약의 동맹국이고 한국은 한미상호보안조약의 동맹국입니다. 양쪽이 다 미국의 군사동맹국이니 일본과 한국이 서로 군사동맹을 맺더라도 상관없을 터입니다. 한국과 일본이 정치, 문화, 경제 등 온갖 부문에서 연대를 맺는 편이 더 바람직하겠죠. 그런데 지금까지 한국과 일본의 상호 연대를 위해 미국이 힘을 실어준 적이 한 번이라도 있습니까? 미국의 대통령은 종종 한국과 일본, 미국과 일본, 한국과 대만이 가치관을 공유하고 있다는 식으로 이야기합니다. 정말 그렇게 가치관을 공유하고 있다면, 서로 동맹하는 것이 나쁠 리 없지 않습니까?

하지만 미국은 그걸 허용하지 않습니다. 미국에게 서태평양 지역은 자신의 영토나 다름없습니다. 미국은 그렇게 서쪽을 향해 꾸준히 세력을 넓혀왔습니다. 1830년까지 미시시피강까지였던 미국의 영토는 1860년에 태평양까지 확장되었습니다. 그 후 하와이와 필리핀, 괌을 장악하고 1950년대에는 일본 열도까지 들어왔습니다. 한반도와 베트남, 아프가니스탄과 이라크까지 갔습니다. 'Go West, 서쪽으로 가라'는 미국의 국가관 같은 것입니다. 일개 국민이 바꿀 수 있는 것이 아닙니다. 미국이 하와이를 어떻게 손에 넣었는지 기억하십니까? 필리핀을, 괌을 어떻게 손에 넣었는지 아십니까? 오키나와는요? 방식은 늘 같았습니다. 이런 상황에서 동아

동아시아의 평화와 교육

시아 나라들은 나름의 외교 전략을 세우지 않으면 안 됩니다. 일본은 미일동맹조약이란 것을 새로 설정하고 있습니다. 한국에서도 한미군사동맹이 국민적 지지를 받고 있을 거라 생각합니다. 대만도 마찬가지입니다. 지금은 중국도 미국과의 파트너십을 무척 중요하게 생각합니다. 이렇듯 동아시아의 주요 국가가 모두 미국과의 동맹관계로 이어져 있는 반면에 동아시아 나름의, 동아시아 국가 간 동맹관계는 아직 없는 상황입니다.

## 동아시아 공동체를 향한 꿈은 어디에

동아시아 공동체라는 말을 언급한 정치가가 있었습니다. 2009년, 일본에서 민주당이 정권을 잡은 적이 있는데 이때 하토야마 유키오*라는 사람이 총리대신이 되었습니다. 그는 1년도 되지 않아 실각하고 말았습니다. 이유는 두 가지입니다. 하나는 오키나와에 있는 미군기지의 축소를 거론했기

---

*하토야마 유키오鳩山 由紀夫(1947~): 일본의 93대 내각총리대신. 임기는 2009년 9월 16일부터 2010년 6월 8일까지.

때문입니다. 일본 주둔 미군기지의 76퍼센트가 오키나와에 있습니다. 가보신 분은 아실 텐데, 오키나와 섬의 대부분이 미군기지입니다. 주택가 위를 헬리콥터가 엄청난 속도로 날아다니곤 합니다. 항공법에 따르면 헬리콥터는 시가지 위를 날 수 없지만, 오키나와에서는 손이 닿을 정도로 가까운 상공을 날아다닙니다. 자국 내 공군기지에서는 헬리콥터가 주택가 위를 날지 않지만 일본에서는 날아다닙니다. 추락 사고도 몇 번이나 있었습니다. 이런 상황에서 하토야마 유키오 총리가 오키나와 미군기지의 이전, 축소 이야기를 꺼낸 것입니다.

그가 실각한 두 번째 이유는 '동아시아 공동체 만들기' 제안 때문이라고 합니다. 그가 총리 시절에 같이 식사할 기회가 있었는데 그때 제가 물어봤습니다.

"하토야마 씨가 생각하고 있는 동아시아의 공동체라는 것은 정체가 뭡니까?"

하토야마 씨는 얼마 전 일왕을 만났을 때도 같은 질문을 받았다고 하더군요. 그때 일왕은 하토야마가 말하는 동아시아 공동체에 몽골도 포함되느냐고 물었답니다. 당시 일왕은 스모를 좋아했는데, 일본에서 활약하는 스모 선수의 절반 정도는 몽골 출신이죠. 일왕은 그런 이유로 몽골에 대한 친근감이 컸던 듯합니다. 하토야마 총리는 일왕의 질문에 잘 모르겠다고 답했다는 이야기를 제게 방긋방긋 웃으면서 했는데요. 잘못을 인정하는 건 좋았지만, 동아시아 공동체를 말하면서 어떤 나라로 어떻게 구성할지 아무런 구상이 없다는 데에는 솔직히 깜짝 놀랐습니다. 계획을 세워 진행해 나가는 면모가 부족했던 것도 실각 요인이 되었을 거라 생각합니다. 그래도 저는 그에게 깊은 인상을 받았습니다. 저도 앞으로 일본의 외교 전략에서 중요한 키워드 중 하나가 '동아시아 공동체 구축'이라고 생각했으니까요. 사실 동아시아 공동체는 총리 혼자 생각할 문제가 아니라 외무성이 고민할 부분이긴 합니다. 외무성에는 외교에 관한 싱크탱크 등 다양한 연구 조직이 있지요. 그런데 그렇게 많은 기관 중 단 한 곳도 동아시아 공동체에 대해 생각하지 않았다는 사실 또한 놀랍지 않습니까. 아무리 실현 가능성이 없다 하더라도 동아시아 국가로서 고려해볼 만한 중요한 아이디어인데요. 비록 당장은 현실성이 떨어지는 아이디어라고 해도 진지하게 고려해서 여러 옵션을 준비해두는 것이 위기 관리의 기본입니다.

2차 세계대전 당시에는 누구도 전후 유럽이 독불동맹을 축으로 움직이리라 예상하지 못한 것과 마찬가지로, 일본 외교관계의 축이 미일동맹이 될 것이라고 예상한 사람은 단 한 명도 없었습니다. 아무도 생각하지 못한 일이 현실에서 일어나는 경우가 왕왕 있는 겁니다. 그 시점에서 다양한 가능성을 검토하는 과정은 반드시 필요합니다. 어떤 조건이 갖춰져야 동아시아 공동체가 구성될까, 혹은 무엇이 공동체의 구상을 방해하고 있는가 생각해야 합니다. 진지하게 생각했다면 동아시아 공동체 구성의 훼방꾼은 전후 70년간 동아시아 국가들의 관계에 간섭하며 자국의 이익을 추구해온 미국이라는 사실을 깨달을 수 있을 것입니다.

하토야마 수상은 지금까지 말씀드린 두 개의 실수, 오키나와 미군기지 축소와 동아시아 공동체 구상 관련 발언으

동아시아의 평화와 교육

로 실각했습니다. 오키나와 미군기지 축소는 상당히 복잡한 문제여서 그 점에 대해서는 일본 국민들도 나름 감수하는 면이 있었다고 생각합니다. 동아시아 공동체에 관해서는 '지금까지는 고려되지 않았지만 하토야마 씨의 발언을 통해 앞으로 생각해보는 건 괜찮지 않을까' 하고 생각한 사람도 있었을 겁니다. 그런데 미군기지 축소에 대해서도, 동아시아 공동체에 대해서도 아무런 논의 없이 단지 총리대신이 실각하는 것으로 끝나고 말았습니다. 그러니까 이 두 가지는 전후 일본이 최대로 터부시한 문제였던 것이죠. 구체적인 미군기지 축소 프로그램이나 동아시아 공동체 계획의 문제가 아니라 그런 생각 자체가 금기입니다. 미국에서 그렇게 하라고 강요한 것도 아니고, 일본인 스스로 한 일입니다. 만약 미국에서 내놓고 실각을 요구하면 내정간섭이 되지만 일본의 경우는 내정간섭조차 필요없습니다. 미국 대통령의 기분이 나빠지겠다 싶은 말을 총리대신이 꺼내면 온 일본의 관료들이 들고 일어나 발목을 잡으니까요. 하토야마 씨의 발목을 잡은 건 외무성과 방위성입니다. 미국은 공문서를 금방 공개해주는데, 당시 미일공동위원회의 자료를 보면 외무성의 한 관료가 "조만간 하토야마 총리가 미군기지 축소 이야기를 꺼낼지도 모르니 절대 응하지 말아달라"라고, 일본 외무성의 관료가 미군에게 말했다는 기록이 있습니다.

한국 언론에서는 거의 보도되지 않았을 거라고 생각합니다만, 하토야마 씨를 끌어내릴 때 일본 언론의 공격은 굉장했습니다. 요미우리, 아사히, 마이니치라는 일본 3대 신문사를 비롯해서 수많은 언론이 사설을 통해 '하토야마는 머리가 이상하다'는 식의 발언을 쏟아냈습니다. 저는 당시 하토야마 총리의 실각 과정을 보면서 일본이 상당히 이상해졌다고 생각했습니다. 종속국으로서 주권의 회복, 국토의 회복을 바라서 그랬다고 하면 그래도 이해할 수 있었겠지만, 일본인은 주권이나 국토 회복을 바라지 않습니다. 저는 이런 현상이 일본인이 안고 있는 근본적인 병이라고 생각합니다. 미국이 지시하지 않아도 미국의 이익을 위해서 발 벗고 나서는 모습이 일본 전체에 만연해 있습니다.

이전의 대미종속을 통한 대미자립은 나름 논리적인 정책이었습니다. 그때 그런 전략을 세운 사람들은 전쟁에서 패망한 사람들이었고, 일본을 다시 세우기 위해서는 그런 전략밖에 없다는 사실을 강하게 자각하고 있었을 겁니다. 그러나 70년이 지나는 동안 일본인들은 대미종속이 대미자립을 위한 우회로라는 사실을 잊어버렸습니다. 지금 일본에서 정치가나 재계인, 관료나 언론의 전략은 대미종속을 위한 대미종속입니다. 국가로서의 목표는 더이상 없습니다. 대신 무엇을, 어떤 이익을 추구하고 있을까요? 바로 개인의 이익입니다. 지금 일본의 시스템은 대미종속을 합리적, 효율적으로 할 수 있는 인간이 출세하는 구조입니다. 대미종속을 잘하는 사람에게만 기회가 주어지고 그런 사람만 상층에 올라가는 시스템인 거죠. 70년 전, 일본이 패망한 직후 국력이 상당히 약해져 있던 시기와 비교해도 지금이 훨씬 종속도가높습니다. 패전 직후의 일본 사람들은 적어도 자신들이 굴욕적인 상황에 놓여 있다는 사실을 자각하고 있었습니다.

언젠가는 자립해야 한다고 생각했습니다. 하지만 지금은 다릅니다. 아무도 그렇게 생각하지 않습니다.

앞서 이야기한 안전보장 관련법은 미국을 위해 전쟁하겠다는 법률입니다. 자위대원이 아프가니스탄이나 시리아나 수단에 가서 전쟁하면 일본에는 아무런 도움이 되지 않지만 미국의 국익은 올라갑니다. 자국 청년들 대신 일본 병사가 죽어주고 군비 부담도 해주니, 미국 사람들 입장에서는 일본이 왜 이런 제안을 하는지 이해하기 어려울 것 같습니다. 일본의 이익이 되지 않는데도 그렇게 하고 싶다는 사람이 많습니다. 그렇게 해서 자기 이익을 추구하는 건데, 아베 정권의 경우 미국을 위해 최선을 다한다는 인상을 주어 장기 집권을 약속받았죠. 이건 미국이 동아시아에서 계속 시행해온 전략입니다. 미국의 이익을 위해 힘쓴다면 어떤 정권이라도 지지해줍니다. 필리핀의 마르코스Ferdinand Emmanuel Edralin Marcos(임기: 1965~1986), 인도네시아의 수하르토Haji Mohammad Sœharto(임기: 1967~1998), 베트남의 응오딘지엠 Ngô Đinh Diêm(임기: 1955~1963)처럼 명백하게 비민주적인 정권들을 미국은 계속 지지해왔습니다. 그들의 통치 형태는 민주제도 아니었고, 미국의 건국이념과 공유할 만한 가치관도 전혀 없었습니다. 아베 역시 이번 안전보장 관련법의 채택으로 마르코스나 수하르토, 응오딘지엠과 똑같은 정치가가 된 것입니다. 자국민을 배신하고 자국의 이익을 희생하더라도 자신의 정권을 유지하고 싶어 하는 정치가 말입니다. 일본에서는 지금 국민의 40퍼센트가 그런 정치가를 지지하고 있습니다. 아마도 많은 일본인에게 그렇게 살아도 된다는 인식이 생겼기 때문일 겁니다. 장기적인 관점에서 본 일본의 국제적 위상보다 당장 눈앞의 이익을, 국민이나 미래 세대보다도 현재 자신의 사적 이익을 우선시하는 거죠.

예를 들어 원전 재가동 문제가 있습니다. 아마도 한국의 언론에도 보도되었으리라 생각합니다만, 2011년 3월에 그렇게 큰 원전 사고가 있었는데도 어느 정도의 피해를 입었는지조차 아직 파악하지 못하고 있습니다. 국토의 상당 부분이 오염되어 반영구적으로 거주불능 상태가 된 데다 지금도 10만 명 이상의 사람들이 피난생활을 하고 있습니다. 원자로 안에서 무슨 일이 일어나는지 아직까지도 알아내지 못한 채로 오염수는 바다로 흘러가고 있습니다. 그런데도 불구하고 중지되었던 원전을 재가동하려 합니다. 정권과 재계와 지자체가 그렇게 지시하기 때문입니다. 당장 돈이 되는 일이 중요하니까요. 앞으로 무슨 일이 벌어질지 모르는데도 '나중 일은 모른다'는 태도입니다. 지금 당장은 이익을 본다 해도 미래에 큰 리스크의 가능성이 있다면 보통은 포기하지 않습니까? 그런 일에는 손대지 않는 게 상식 아닙니까? 그런데 지금의 일본은 다릅니다. 눈앞의 이익이 확보된다면 나중에 무슨 일이 일어날지는 생각하지 않습니다.

TPP*라는 게 있습니다. 일본은 이를 받아들이려 하고 있는데 그게 실현되면 일본 농업은 괴멸할 겁니다. 일본의 농산물 가격이 국제 시장의 평균 가격보다 높기 때문입니다.

---

*TPP: Trans-Pacific Strategic Economic Partnership, 환태평양 경제 동반자 협정. 아시아-태평양 지역 경제의 통합을 목표로 공산품, 농업 제품을 포함 모든 품목의 관세를 철폐하고, 정부 조달, 지적 재산권, 노동 규제, 금융, 의료 서비스 등의 모든 비관세 장벽을 철폐하고 자유화하는 협정.

동아시아의 평화와 교육

이대로 협정이 체결되면 일본 사람들은 일본 농산물을 사지 않고 외국산 농수산물을 구매할 것입니다. 저는 좀더 비관적으로 생각합니다만, 낙관적으로 봐도 일본 농업의 40퍼센트가 사라질 것이라고 합니다. 그런데도 언론이나 정치가, 재계인은 외국의 값싼 농수산물이 들어오면 소비자들이 이익을 얻을 거라고 떠들어댑니다. 단기적인 면에서는 그럴지 몰라도 장기적인 리스크는 어떻게 회피할 생각인지 모르겠습니다.

여러분도 아시는 대로 멕시코는 캐나다, 미국과 FTA협약을 맺고 자유무역 체제가 되어 관세가 철폐되었습니다. 멕시코의 주식은 옥수수입니다. 그런데 미국산 옥수수가 멕시코산보다 훨씬 쌉니다. 당연히 멕시코의 소비자들은 미국산 옥수수를 선택했습니다. 계속 싼 물건이 들어오니 소비자들은 이익을 봤지만 대신 멕시코의 옥수수 농가는 괴멸했습니다. 얼마 후, 바이오매스 연료의 재료로 옥수수를 쓸 수 있다는 사실이 밝혀졌습니다. 옥수수 가격이 폭등했고, 멕시코 사람들은 옥수수를 살 수 없게 되었습니다. 국내에서 더

이상 옥수수를 생산하지 않았기 때문입니다. 주식을 먹을 수 없게 된 것이죠. 이게 2008년에 일어난 일입니다. 똑같은 일이 어디서든 일어날 수 있습니다.

농수산물은 상품으로 보이지만 실은 상품이 아닙니다. 그것 없이 사람은 살아갈 수가 없습니다. 돈으로 살 수 있느냐 없느냐 하는 차원에서 논할 수 없는 것이 바로 '식량'입니다. 만약 이대로 일본의 농업이 괴멸하더라도 당장은 자동차 산업 등 다른 산업으로 번 돈으로 쌀이든 밀가루든 사먹을 수 있을 겁니다. 그런데 만약 사먹을 수 없게 되면 어떻게 될까요? 미래에 무슨 일이 일어날지는 아무도 모릅니다. 전쟁이 일어날지도 모릅니다. 전염병이 퍼질 수도 있고, 테러가 있을 수도 있고요. 어쩌면 일본 경제력이 완전히 떨어져서 농수산물 수입이 불가능해질 수도 있습니다. 미래에 무엇이 일어날지는 아무도 모릅니다. 다른 공업제품이라면 수입을 못하더라도 불편한 정도로 끝납니다. 전자제품이나 자동차가 들어오지 못하더라도 불편한 걸로 끝입니다. 하지만 국내 농산물 생산이 중단된 상태에서 해외로부터의 유입이 끊

동아시아의 평화와 교육

어진다면 사람들은 굶게 됩니다. 식량을 두고 싸움이 벌어집니다.

TPP 논의에서 가장 화나는 부분이, 먹을거리를 상품으로 여긴다는 점입니다. 식량은 상품이 아닙니다. 식량이라는 것은 공급이 윤택할 때는 상품으로 보이지만, 공급량이 일정 이하로 떨어지는 순간 상품이 아니게 됩니다. 어느 정도 경제가 잘 돌아갈 때는 상품으로 보이지만 경제활동이 침체되는 순간 살기 위해 서로 빼앗게 되는 것이 식량입니다. 그런 것들을 상품으로 다루어서는 안 됩니다. 아무리 국제가보다 높은 비용이 들더라도 자급자족하지 않으면 안 되는 것이 식량입니다. 농수산업 같은 1차 산업은 국민이 지키지 않으면 안 됩니다. 국제 가격보다 싸다 비싸다가 문제가 아닙니다. 식량의 자급자족은 생존을 위한 보증입니다.

식문화는 기본적으로 기아, 배고픔을 기준으로 생각해야 합니다. 나라마다 다양한 식문화가 있지만, 어느 나라든 식문화의 기본은 기아에서 벗어나는 겁니다. 식문화의 역사는 먹지 못하는 것을 먹을거리로 만들기 위한 궁리의 역사라고 할 수 있습니다. 이런 걸 어떻게 먹나 싶은 것들을 다양한 궁리를 통해 먹을 수 있게 만들어온 과정입니다. 삶거나, 굽거나, 말리거나, 찌거나, 다지거나…… 여러 방법을 동원해 먹을 수 있게 만든 것이 인류학적인 식문화의 역사입니다. 또한 인류는 집단마다 다른 것을 주식으로 삼아왔지요. 저쪽 집단이 고구마를 먹으면 이쪽이 바나나를 먹고, 이쪽이 밀을 먹으면 저쪽은 쌀을 먹는 식이죠. 기상 조건 등 여러 이유가 있겠지만 가장 중요한 이유는 하나의 대상에 모든 욕망이 집중되지 않도록 하기 위해서입니다. 만약 모든 인류가 밀을 주식으로 하는 상황에서 밀이 흉작이면 밀을 빼앗기 위한 살육이 일어날 겁니다. 그러나 고구마나 바나나, 콩 등을 주식으로 삼는 사람들이 있으면 그것으로 대체해 굶주림을 피할 수 있습니다.

식료품을 상품으로 취급하기 시작하면 식문화의 다양성이 파괴됩니다. 전 세계 사람들이 같은 것을 먹으면 식품을 생산하는 기업의 생산 비용이 낮아집니다. 식문화의 획일화 또한 자본주의의 영향으로 인한 현상인 겁니다. 글로벌화가

동아시아의 평화와 교육

진행되면서 세계가 평평해진다고들 하는데, 평평해지는 건 경제만이 아닙니다. 식생활도 평평해집니다. 일본이 TPP에 가입하면 일본 농수산업은 괴멸 상태에 빠질 텐데 그에 대한 위기감을 이야기하는 사람이 거의 없습니다. 식료품 유입이 끊어졌을 때, 기근이 일어났을 때 어떻게 리스크를 피할지 논의하자는 사람이 아무도 없습니다. 앞서 평화보케, 70년의 평화에 젖어버린 현재 일본의 정치가나 관료에 대해 이야기했습니다만, 이 경우도 똑같습니다. 우리들이 우선적으로 지성을 활용해야 할 부분은 아무 일도 없을 때 어떻게 이익을 높이느냐가 아닙니다. 카타스트로프적인, 파국적인 상황이 찾아왔을 때 살아남을 방법입니다.

## 파국에서 어떻게 살아남을까

이제 교육 이야기를 좀 할까 싶은데요, 교육은 크게 평상시와 비상시로 나누어서 생각할 수 있다고 생각합니다. 평상시에는 평상시 나름의 지성 활용법이 있습니다. 비상시에는 비상시를 위한 활용법이 있고요. 지금 한국과 일본의 교육이 여러모로 문제가 되는 것은 교육이 평상시만을 대비하기 때문입니다. 지금의 사회 시스템이 계속 이어질 것을 전제로 교육하고 있죠. 지금의 가치관이 계속 유지될 것이라는 전제하에 학교교육이 이루어집니다. 지금의 지극히 정적이고 고요한 사회 속에서 자신의 지위, 연수입을 어떻게 올릴지를 생각합니다.

그러나 역사적으로 볼 때, 어떤 사회든 계속 평상시를 유지할 수는 없습니다. 사회는 예상도 못한 형태로, 극적으로 반드시 변합니다. 가치관이 붕괴한다든지, 경제 시스템이 붕괴한다든지, 정치가 붕괴한다든지 하는 일이 충분히 일어날 수 있습니다. 무엇이 원인이 되어 그런 일이 일어날지 아무도 모릅니다. 전쟁이나 테러, 전염병 또는 외계인의 침략 등 어떤 종류의 일일지는 모르지만 지금의 안정적인 사회 질서가 무너지는 순간은 반드시 찾아옵니다.

물론 그런 일이 일어나지 않는 게 제일 좋죠. 그래도 대비하지 않으면 안 됩니다. 그렇다면 파국에서 살아남을 수 있는 힘을 길러주는 게 학교교육이 가장 우선시해야 하는 부분 아닐까요? 지금의 사회가 앞으로도 쭉 이어질 것을 전제로 사회적 지위, 수입, 명예를 높이는 법만을 교육해서는 안 된다고 생각합니다. 세상이 극적으로 변해도 무사히 살아남아 우리 사회를 재건할 능력부터 길러주지 않으면 안 됩니다.

인류가 교육이라는 행위를 시작한 건 지금부터 수천 년, 어쩌면 수만 년 전일지도 모릅니다. 인류의 어떤 집단에든 학교교육과 비슷한 시스템은 반드시 있었을 텐데요, 거기에서는 무엇을 가르쳤을까요? 살아남는 지식과 기술을 가르쳤을 것입니다. 그것도 개인이 아니라 집단이 살아남기 위한 지식과 기술을 가르쳤으리라 생각합니다. 농업 집단이라면 농업 기술을, 사냥 부족에서는 사냥법을, 어부들은 물고기 잡는 방법을 가르쳤을 것입니다. 그 기본은 항상 살아남는 것입니다. 그러한 기술을 가르치기 전에는 무엇을 가르쳤을까요?

저는 위기를 감지할 수 있는 직감력 길러주기가 학교교육의 최우선 과제라고 생각합니다. 수천, 수만 년 전 미개 부족의 아버지가 서너 살밖에 안 된 아이들에게 무얼 가르쳤을까요? 세상에는 여러 가지 위험이 있다는 사실을 알려주었겠죠. 사나운 야생 동물이 습격할 수도 있고, 급류라든지 낭떠러지라든지 이런저런 위험 요소가 있지 않습니까? 독초나 독충, 경계해야 하는 다른 부족 등 다양한 위험 요소 사이에서 살아남는 법을 가장 먼저 가르쳤을 겁니다. 예를 들어, 야생 동물이 침입할 위험이 있다고 칩시다. 그럼 사자와 싸워서 이길 만한 완력을 키우도록 교육하시겠습니까? 재빨리 도망칠 수 있게 다릿심을 길러주겠습니까? 그럴 수도 있겠지만, 들이는 노력에 비해 얻는 것이 너무 적지 않을까요? 제가 만약 그런 부족의 어른이라면 아이들에게 다가오는 위험을 알아채는 능력부터 가르칠 것입니다. 이 길로 계속 가면 위험한 일이 생길 것 같은 예감, 수상한 것이 갑자기 나타날 듯한 느낌이라든지, 생명에 위험이 다가오는 걸 알아채는 직감은 무엇보다 우선해서 배워야 할 인간의 능력이라고 생각합니다.

저는 합기도라는 무도를 가르치고 있습니다. 제자도 많습니다. 얼마 전 한 제자가 교실을 열었습니다. 네 살부터 열 살까지의 아이들을 위한 겁니다. 합기도는 꽤 복잡한 무술이라 아이들이 배우기 쉽지 않습니다. 제자는 제게 무엇을 가르치면 좋겠냐고 물었습니다. 제 대답은 "수건돌리기 놀이는 어때?"였습니다. 수건돌리기를 할 때는 자기 뒤에 수건을 떨어뜨리는 모습을 볼 수 없습니다. 소리도 나지 않습니다. 확실한 감각적 신호는 아무것도 없습니다. 그런데도 감각이 뛰어난 아이들은 술래가 손을 놓는 순간 알아차리고 돌아봅니다. 이건 대체 어디에 반응하는 걸까요? 아주 미세한 신호가 있는 겁니다. 수건을 떨어뜨릴 때의 호흡이라든지 맥박, 체온의 변화 등 기계로도 측정할 수 없는 미세한 차이를 감이 좋은 아이들은 알아챕니다.

생각해보면 이런 종류의 놀이가 무수히 많습니다. 한국에도 숨바꼭질이 있죠? 숨바꼭질을 할 때 술래에게는 시각적 정보가 없습니다. 소리도 안 들립니다. 냄새도 나지 않습니다. 만질 수도 없습니다. 그런데도 저 나무 뒤에 뭔가 있는 듯한 느낌이 듭니다. 이건 아이들처럼 힘없고, 연약한 사람이 최우선으로 개발해야 하는 능력이죠. 아마도 인류는 집단으로 생활하기 시작한 이래 계속, 이처럼 놀이라는 방식으로 아이들에게 위기 감지 능력이 길러지는 교육을 반복해 왔다고 생각합니다. 이렇게 수만 년 동안 이루어져온 아이들을 위한 교육이 30년 전쯤에 끊어졌습니다. 그래도 될 만큼 평화로워졌다고 말할 수 있습니까? 그만큼 안전해졌다고 말할 수 있습니까? 저는 그렇게 생각하지 않습니다. 인류 탄생 이후 인간을 둘러싼 위험이 사라진 적은 없습니다. 그런데도 온 세계의 인간 사회에서 아이들의 살아남을 힘, 위기 상황에서 살아남는 힘을 개발하는 데 교육자원을 투자해야 한다는 상식이 사라져버렸습니다.

## 오픈 마인드와 배움의 자세

오늘 여기 오신 분들은 교육 관계자, 선생님들이 많으실 텐데, 정말로 생존 능력이 강한 아이들은 수업을 잘 안 듣는 아이일 수 있습니다. 그런 아이들은 살아남기 위해 학교에서

도망치는 선택을 했을 수도 있습니다. 수업을 들을수록 자신의 생명력이 떨어진다고 느껴 도망친다는 것은 어찌 보면 생명체로서 올바른 판단입니다.

저는 합기도 도장을 운영하면서 수백 명의 제자를 가르쳐봤는데요. 그중 특히 뛰어난 아이들은 거의 예외 없이 중고등학교에서의 체육 성적이 좋지 않습니다. 하지만 그 친구들은 자기 자신의 몸에 상당한 흥미가 있습니다. 자기 몸의 근육이나 골격, 장기의 상태를 세세하게 모니터합니다. 자기 몸을 일종의 자연으로 보고, 경의와 흥미를 갖고 신체를 관찰하는 이에게 학교의 체육 수업은 지옥입니다. 학교 체육은 신체를 도구로 쓰는, 뇌가 몸을 지배하는 활동이니까요. 자기 가까이 있는 자연에 대한 경의로 신체를 대하는 사람들은 몸을 도구처럼 쓰는 일을 힘들어합니다. 사람에 따라서는 도망치기도 하지요. 사람들이 대부분 그렇게까지 대담하진 않으니 몸을 웅크린 채 체육 수업이 끝날 때까지 어쨌든 참고 견딥니다. 그러다 보니 체육 성적이 낮을 수밖에 없습니다. 그러고는 자신에게 운동 능력이 없다고 믿어버리는

어떤 종류의 일일지는 모르지만

지금의 안정적인 사회 질서가

무너지는 순간은

반드시 찾아옵니다.

거죠. 믿음을 강요당한다고나 할까요? 사실 본인은 몸 움직이기를 퍽 좋아하는데도요. 그런 아이들이 합기도 도장에 와서 신체에 대한 경의와 흥미로움으로 자기 몸의 변화를 관찰하다 보면 기뻐할 수밖에 없습니다. 학교에서 '체육을 못한다, 운동 능력이 없다'라는 말을 듣던 아이들이 도장에 와서 훌륭한 무도가가 되어가는 모습을 저는 수차례 보았습니다.

35년 동안 아이들을 가르쳤으니 저에게도 나름대로 교사의 관점이 있습니다. 저는 아이들 내면에 있는 생명활동에 초점을 맞춥니다. 제 이야기를 듣는 동안 눈이 반짝인다든지, 표정이 고조된다든지, 몸을 앞으로 기울인다거나, 몸이 릴랙스된다거나, 호흡이 깊어지는 등의 변화가 있을 때는 제가 제대로 하고 있다고 느낍니다. 생명력이 활발해진 아이는 긴장에서 벗어나 편안해집니다. 선생님을 뚫어져라 쳐다봐야 집중한다고 오해하기도 하는데, 사실은 정말 집중하면 반대로 릴랙스됩니다. 표정이 부드러워지고, 호흡이 깊어지고, 배고파지기도 하지요. 여러 특이한 생각도 하게 됩니다.

아, 그거 해야 하는데, 편지 써야 하는데, 방 청소해야 하는데……. 그동안 잊어버리고 있었던 것이 떠오르는 거죠. 이게 아주 좋은 상태입니다. 움츠러들었던 몸이 개방되었다는 거니까요.

보통 교사들은 아이들이 움츠리고 교사에게 집중하는 상태를 좋은 상태라고 착각하는 경우가 많습니다. 그러나 교사의 이야기를 듣는 아이는 동시에 자기 몸이 하는 이야기도 듣습니다. 이는 제가 오랜 교사생활을 통해 알게 된 사실입니다. 배우는 자세라는 건 기본적으로 오픈 마인드입니다. 감각이 전방위로 열려야 합니다. 앞에 있는 사람, 옆 사람, 자기 신체에 대해서나 감성에 대해서도……. 모든 것에 감각이 최대화된 상태가 오픈 마인드입니다.

10년쯤 전에 1500명의 고등학생들을 대상으로 강연한 적이 있습니다. 추운 계절이었는데, 체육관에 모여 있었습니다. 학생들 입장에서는 전혀 모르는 사람이 와서 글로벌 사회의 교육인지 뭔지 하는 테마로 떠드는 것입니다. 당연히 들을 마음이 없는 상태였죠. 그런 상태로 70분을 말해야 해서 곤란하던 차에 갑자기 떠오른 생각이 있었습니다. 그 학교가 역사 있는, 오래된 학교라 풍수가 좋다는 사실이었습니다. 정문이 주작이고 양쪽에 청룡과 백호에 해당하는 능선이 있고, 학교 뒤에는 큰 산이 있었습니다. 그리고 북쪽, 귀문 쪽에 신사가 있었습니다. 그 학교에 처음 들어갔을 때 '아, 풍수가 좋구나' 하고 생각했습니다. 그래서 제 강의에 전혀 관심이 없어 보이는 얼굴로 앉아 있는 1500명 앞에서 먼저 풍수 이야기를 꺼냈습니다. "이 체육관은 기가 잘 통하는 곳이네요" 하고요. 그러자 아이들의 몸이 열리며 앞으로 기울기 시작했습니다. '기가 잘 통한다는 게 무슨 말이지?' 아이들은 그런 말을 들어본 적이 거의 없었을 테니까요. 의미 불명이었겠죠. 그럼에도 그 이야기를 하자마자 아이들이 모두 자기 몸을 모니터하기 시작한 겁니다. '기가 통한다는 게 무슨 느낌일까?' 경험한 적이 없지만 한번 찾아보기 시작한 겁니다. 그럴 때 인간은 눈을 감거나 팔짱을 끼거나 다리를 아무렇게나 뻗지 못합니다. 릴랙스되는 동시에 안팎으로 감각이 예민해집니다. 70분 동안 학생들은 제 이야기를 열심히 들었습니다. 교사에 대한 집중력이 몸을 닫고 한 점에 집중하는 게 아니라는 걸 그때 깨달았습니다. 자신의 내면에 어떤 감각이 생기고 있는지 주의를 기울이고 모니터하면서 지성이 올라가는 것이죠. 현재의 학교교육이 제대로 이루어지지 못하는 이유 중 하나는 학생이 자기 몸 안에서 지금 무엇이 일어나고 있는지 모니터할 기회가 없기 때문입니다.

학교에서 수업할 때 무슨 일이 있든 맨 뒤까지 반드시 전달되는 말이 있습니다. 아무리 시끄러워도 들리는 말입니다. 바로 '뒤에 있는 사람 제 말 들립니까?'라는 말입니다. 그러면 맨 뒷사람이 안 들린다며 손을 흔듭니다. 말이 들리냐는 질문에 안 들린다고 대답하는 이 상황은 상당히 독특한 커뮤니케이션이 성립하는 순간입니다. 말이 다 들리지 않았지만 '뒤', '들' 같은 소리만 듣고 단편적인 음성과 표정, 몸짓, 상황 전체를 고려해서 이런 말일 거라고 추리한 겁니다. 이건 굉장한 일입니다. 학생이 단편적인 정보를 꿰어 맞춰서 의미가 통하는 말로 이해한 것입니다. 선생님의 말은 단편적으로밖에 안 들리지만, 이걸 이으면 이런 메시지가 될 거라

배우는 자세라는 건 기본적으로
오픈 마인드입니다.
감각이 전방위로 열려야 합니다.
모든 것에 감각이 최대화된 상태가
오픈 마인드입니다.

며 추리한 겁니다. 이것이 바로 무언가를 배울 때 아이가 가져야 할 최고의 자세가 아닐까요?

그 뒤로도 여러모로 실험을 해봤습니다. 어떤 순간에 이런 일이 일어날까 하고요. 두 가지가 더 있었습니다. 하나는 수업 중에 '춥네요, 난방을 좀 올릴까요?'라는 말입니다. 이때도 확 집중하는 부분이 있습니다. 또 한 가지, 칠판에 글씨를 적고 있는데 햇빛이 교실에 들어오는 상황에서 '눈부시니까 커튼 좀 쳐줄래요?'라고 말하면 아이들이 확 집중합니다. 이 상황들의 공통점을 아시겠습니까? 목소리는 청각입니다. 추위는 피부 감각이죠. 눈부심은 시각입니다. 시각이든 청각이든 촉각이든 후각이든 미각이 됐든 자신의 오감을 동원해서 판단해야 한다고 생각할 때 학생들은 오픈 마인드가 됩니다. 그전까지 저는 어떻게 아이들을 집중시킬 수 있을까, 거기에 교육자로서의 기술이 달려 있다고 생각하고 고민해왔습니다. 그런데 앞서 말씀드린 일련의 경험과 실험을 통해 그게 아니란 걸 깨달았습니다. 아직 명확한 결론은 없습니다만, 아이들이 바깥에서 들어오는 감각에 대해 전방위

095

동아시아의 평화와 교육

로 열리는 부분은 확실히 있습니다. 가르치는 사람 입장에서 아이들을 어떻게 배움으로 이끌 것인가에 대해 저의 경험을 통해 이야기할 수 있는 것은 이 오픈 마인드뿐입니다. 아이들이 청각, 시각, 후각, 피부 감각을 모두 동원해 외부 자극을 받아들이는 상태일 때 배움의 효율이 최고가 됩니다. 아까의 미개 부족 이야기로 다시 돌아가자면, 예전의 교육에는 우선 오감을 갈고 닦아 오픈 마인드가 어떤 것인지를 먼저 가르치고, 그런 다음 배움을 시작하는 지극히 효율적인 프로세스가 있었을 것입니다.

앞서 평상시의 교육과 비상시의 교육은 다르다는 말씀을 드렸습니다. 안타깝게도 지금 세계 각국에서 진행하고 있는 교육이 모두 평상시의 교육입니다. 그러나 가르치는 사람의 입장에서 가장 우선할 것은 비상시의 교육입니다. 그렇다고 제가 아이들에게 서바이벌 기술을 가르치라고 말씀드리는 것이 아닙니다. 살아남기 위한 본질적인 기술은 오픈 마인드입니다. 자신의 감수성과 지성을 전방위적으로 최대한 열어두는 몸과 마음의 형태가 어떤 것인지 경험하게 해주어야 합니다.

한국과 일본을 포함해서 현재 동아시아 각국의 예민한 시민들은 평상시의 사회가 삐걱대고 부서지며 벗겨지는, 위기적 상황을 맞이했습니다. 평상시의 교육에서 비상시의 교육으로, 교사 마음가짐의 방향성을 옮길 필요가 있는 상황입니다. 당장 오늘내일 무엇을 하자는 제안이 있는 것은 아닙니다만, 이런 사고방식도 있다는 것을 염두에 두고 교단에 서주시면 좋겠습니다.

강의 동영상으로 연결되는
QR코드입니다.

# 우치다식
# 공생의 필살기

어제 전주에서 '동아시아의 평화와 교육'이라는 주제로 강연했는데, 500여 분이 참석해주셨습니다. 주제가 주제이다 보니 비교적 정치적인 이야기를 많이 했습니다. 나름대로 저의 독자적인 의견을 이야기했는데 불만을 표하는 분들이 계셨습니다. 특히 앞자리에서 팔짱을 낀 채 '무슨 이야기를 하나 한번 보자' 하는 듯한 표정으로 앉아 있는 분이 있었습니다. 중간에 일어나서 나가는 분도 꽤 있었고 강연이 끝나자 손들고 "당신 이야기는 무슨 얘긴지 하나도 모르겠다"라고 하는 분도 있었습니다. 그러고 숙소로 돌아가는 길에 박 선생님과 "그래도 여성 분들은 반응이 우호적이셔요"라는 의견을 나눴습니다. 웃어주시는 분들은 대개 여성이었거든요.

제가 하는 이야기는 상당히 이상한 축에 속합니다. 하지만 모처럼 멀리서 왔는데 여러분이 태어나서 한 번도 듣지 못한 이야기를 해드리지 않으면 여기 온 보람이 없다고 생각합니다. 일본에서도 마찬가지인데 제가 정말 이상한 이야기를 해도 여성 분들은 대개 웃으며 들어주십니다.

저는 합기도 제자가 300명 정도 있습니다. 여성과 남성이 절반 정도씩입니다. 대개 남성보다 여성의 숙달이 빠릅니다. 무도이고 격투기다 보니 완력도 투쟁심도 강한 남자의 숙달이 빠를 거라고 생각하기 십상이겠습니다만, 합기도는 평균적으로 여성이 더 빨리 배웁니다.

합기도를 배우러 오는 여성들은 학교 체육 성적이 좋지 않은 경우가 많습니다. 체육 시간도 좋아하지 않고, 스포츠에도 별로 관심이 없고, 경쟁하거나 승패 정하는 일을 별로 좋아하지 않는 사람들입니다. 하지만 자신의 몸에 대한 관심은 있습니다. '내 몸 안에 어떤 잠재적인 가능성이 있지? 어떻게 내 가능성을 찾아낼 수 있을까?' 하는, 자기 자신의 몸에 대한 호기심이 강한 쪽은 주로 여성들입니다.

## 신체적 감수성과 무도

왜 남성들은 합기도 숙달이 느린가 생각하다 최근에 깨달은 사실이 있습니다. 자신의 몸이 자연이라는 사실을 여성이 더 잘 알고 있다는 점입니다. 남성, 특히 중년이나 고령의 남성은 자신의 몸을 자연이라 생각하지 않지요. 그들은 자기 몸을 도구라고 생각합니다. 특히 노력가 남성들은 자신의 신체 기능이 떨어지면 웨이트 트레이닝이나 달리기 등으로 격한 부하를 주어 기능을 끌어올리려 합니다. 신체를 자신이 소유한 도구라고 생각하고, 노력해서 기능을 향상시키려고 합니다. 그런 사람들에게서는 자기 신체에 대한 호기심이나 경의를 찾아보기 힘듭니다. 특히 괜찮은 대학을 나와 좋은 직장에서 일하며 높은 사회적 지위에 오른 사람이 합기도를 배우면 일단 무조건 몸을 채찍질합니다. 잘 안 되면 자기 몸을 탓합니다. 그러고는 몸이 말을 듣지 않는다며 불평합니다. 자기 몸이 자기 말을 안 듣는다는 것은 상당히 도착적인 생각입니다. 신체를 자연물로서 대할 때의 가장 기본적인 예의가 호기심과 경의입니다. 자신의 몸은 어떤 구조로 되어 있는지, 어떤 가능성을 품고 있는지……. 무도의 숙달은 언제나 생각지도 못한 신체 부위를 생각지도 못한 방식으로 사용하는 형태로 이루어집니다. 할 수 있을 거라 생각조차 못했던 일이 가능해지는 겁니다. 그 안에 어떤 논리가 있는지, 어떤 법칙성이 있는지에 흥미를 갖고 관찰하는 사람일수록 무도도 잘 배웁니다. 신체에 내포된 가능성을 발굴하는 방법은 결국 하나밖에 없습니다. 어떤 걸 하면 기분이 좋아지는지, 나빠지는지 아는 것이죠. 예를 들어 옆에 계신 박 선생님이 공격적으로 제 팔을 잡는다면 기분이 안 좋잖아요. 그때 제가 팔을 어떻게 움직이는지에 따라 기분이 바뀝니다. 이건 접촉한 순간 정해집니다. 예를 들어 뜨거운 프라이팬에 손이 닿아 '앗 뜨거!' 하고 손을 떼는 상황에서 팔꿈치 아래쪽만 움직이는 사람은 없겠죠? 무의식적으로 전신을 사용합니다. 중심 이동도 하고, 허리의 회전도 사용하고, 견갑골이나 고관절도 쓸 겁니다. 얼굴 표정이나 호흡도 바뀝니다. 온몸이 동시다발적으로 지극히 복잡한 행동을 취하는 겁니다. 인간은 불쾌감을 피하려 할 때 가장 정확한 반응을 보입니다. 그래서 언젠가부터 무도의 수행이란 결국 뭔지 모를 불쾌감, 위협을 최소화하도록 몸을 움직이는 법, 피해내는 방법을 수련하는 일이라고 생각하게 되었습니다. 그런 능력을 운동 능력이나 신체 능력이라고 하기에는 좀 위화감이 있습니다. 가장 가까운 표현을 찾는다면 감수성이겠죠. 뜨거운 프라이팬에 닿았을 때 피하는 건 누구나 하는 당연한 반응이겠지만, 무도 훈련은 아주 미세한, 사소한 입력에도 반응할 수 있게 되는 과정입니다. 보통 사람이라면 불쾌함이나 위험을 전혀 느낄 수 없을 만한 미세한 자극에도 몸이 반응해 적절한 방향으로 움직여 피할 수 있도록 말이죠.

무도의 품세는 전부 이런 원리로 만들어졌습니다. 자신의 생명에 조금이라도 위협이 되는 요소가 나타났을 때 최소시간, 최단거리, 최소한의 에너지로 그것을 회피하는 움직

103

임이 품세가 된 것입니다. 남성들의 숙달이 느린 이유도 여기에 있습니다. 남자들은 팔을 붙잡힌다면 자기 완력으로 뿌리치려 합니다. 반면 아이들이나 여성들은 도망치려고 합니다. 사회적인 힘이나 지위 또는 완력이 있는 남성은 일단 싸우고 봅니다. 이해가 안 되면 대립하려고 합니다. 지금 하는 이야기에 어디 틀린 곳은 없는지, 있다면 어떻게 논파할지 먼저 생각하죠. 그런데 감수성이 높은 사람들은 먼저 듣습니다. 이야기가 잘 이해되지 않더라도 불쾌감이 들지 않는 한 조용히 들어주지요. 오늘 저의 강연도 그런 느낌으로 들어주시면 고맙겠습니다.

## 지성과 자연

신체는 누구나 가지고 있는, 가장 가까이 있는 자연입니다. 어떤 환경에 놓이더라도, 예컨대 강도 없고 바다도 없고 나무도 없는, 아무것도 없는 이런 콘크리트로 건물에 갇혀 있을 때조차 자신의 신체라는 자연은 남아 있습니다. 제가 생각하기에 인간의 지성이 발동하는 순간은 자연과 대면할 때입니다. 물론 지성이 발동하는 조건이 있는데, 이를테면 아이들을 게임기 같은 것 없이 자연 속에 던져두는 것입니다. 그러면 아무것도 할 게 없으니까 멍하니 하늘의 구름이나 꽃이라든지 곤충 따위를 봅니다. 그러다 아이들 표정이 확 바뀌는 순간이 있습니다. 아마 여러분도 아이들이 자연을 바라보다가 갑자기 표정이 확 바뀌는 모습을 본 적이 있을 거라 생각합니다. 멍하니 구름을 보다가 '어?' 한다거나, 파도치는 바다를 보다가 '앗?', 벌레를 뚫어져라 쳐다보다가 '음?' 하는 식으로 말이죠. 여기엔 전부 공통점이 있습니다. 아이들이 패턴을 발견했다는 겁니다. 멍하니 바라보던 중 자연 속에 뭔가 법칙성이 있지 않을까, 패턴이 있지 않을까 생각하는 것이지요. 예를 들면 파도를 보고 있다가 몇 번에 한 번 큰 파도가 온다는 걸 깨닫는 식으로요. 이런 법칙성 같은 것을 느꼈을 때 아이들은 자기 머릿속에서 '이런 법칙이 있지 않을까?'라는 가설을 세우기 시작합니다. 그렇게 나름대로 가설을 세우고 그걸 실험으로 검증해봐야겠다고 생각하는 순간, 아이들의 지성이 최대화됩니다. 진력을 다해 자연

아무리 인공적인 환경에 갇혀 있더라도
아이들에게는 가장 가깝고도 풍부한
자연이 있지요.
바로 자기 신체입니다.

106

을 관찰합니다. 패턴이 있지는 않을까 생각하고, 이런 패턴이 아닐까 가설을 세우며, 그걸 실험해보자는 생각을 하는 것입니다. 이것이 아이들에게 지성이 싹트는 순간이라고 볼 수 있습니다. 그때 결과를 기다리고 있으면 가슴이 뛰지 않습니까? 그게 바로 과학적 지성이 발생하는 순간이라고 볼 수 있습니다. 이는 종교적 감수성과 구조가 완전히 똑같습니다. 아무런 맥락도 논리성도 연관성도 없는 것 같은 일의 이면에 신의 섭리가 있지 않을까, 신이 만든 질서가 있지 않을까, 생각하는 게 종교성이니까요. 내가 지금 보고 있는 이 현상의 배후에 아주 아름다운 법칙성이 있지 않을까, 수리적 질서가 존재하지 않을까 사색하다 깨닫는 순간이 있어야 과학적 지성이든 종교적 감수성이든 눈을 뜰 수 있습니다.

이 같은 과학적 지성이라든지 종교적 감수성의 발동은 자연을 앞에 두었을 때만 일어납니다. 인공적으로 만들어진 도시생활 속에서 그 법칙성을 찾아내기 위해 지성이 작동하는 경우는 드뭅니다. 조금은, 아주 드물게는 있을지도 모릅니다. 주위에 바보밖에 없어서 왜 이렇게 사람들이 바보 같을까, 사람들을 우둔하게 만드는 구조가 있지 않을까 하는 의문을 품고 배후라든지 패턴을 찾는다든지 할 수 있겠죠. 정치학이나 경제학, 심리학 같은 학문도 어쩌면 인간 인식의 우둔함이 왜 발생하는지를 연구하는 학문일지도 모릅니다. 불규칙해 보이는 인간의 행동이나 사고 속에 일정한 법칙성이 있을 것이라는 추측을 전제로 그러한 인문과학, 사회과학이 존재하는 겁니다. 하지만 상당한 수준의 지식이 없으면 인간이 만든 세상의 배후에 있는 법칙성은 좀처럼 발견하기가 어렵지요. 그렇기에 아이들의 내면에서 지성이 움직이는 가장 중요한 계기가 되는 것은 자연과의 대면입니다. 아무리 인공적인 환경에 갇혀 있더라도 아이들에게는 가장 가깝고도 풍부한 자연이 있지요. 바로 자기 신체입니다. 자기 몸을 숲이나 산이나 바다나 강이나 구름이나 벌레나 꽃을 보는 것처럼 볼 수 있다면 누구나 신체 경험으로부터 풍부한 지성적 활동을 자아낼 수 있습니다.

오늘 주제는 '공생의 필살기'입니다. 지금까지 한 이야기도 공생이라는 주제와 연결됩니다. 인간의 첫 공생 대상은 자신의 신체입니다. 따라서 자신의 신체와 공생하는 힘, 능력, 기술이 가장 우선되어야 한다고 생각합니다.

무라카미 하루키는 제가 가장 좋아하고 존경하는 작가입니다. 그가 쓴 글은 소설은 물론 에세이까지 전부 읽었습니다. 소설가로서도 매우 존경하지만, 개인적으로 특히 공감하는 부분은 집필 스타일입니다. 그는 보통 새벽 4시에 일어나서 오전 내내 일합니다. 12시 전에는 작업을 끝냅니다. 점심을 먹고 나서는 음악을 듣는다든지 달린다든지 영화를 본다든지 합니다. 이른 저녁에 술을 조금 마시고 10시면 잠자리에 듭니다. 이런 생활을 수십 년 동안 계속하고 있습니다. 비슷한 사례로 철학자 중에 임마누엘 칸트Immanuel Kant(1724~1804)라는 사람이 있습니다. 이 사람도 생활이 정말 규칙적이었던 사람입니다. 도장으로 찍어내듯 같은 일상을 반복했습니다. 산책하는 시간이나 코스도 다 정해져 있었습니다. 칸트가 지나가는 걸 보고 사람들이 시계를 맞췄다는 유명한 일화가 있지 않습니까? 왜 그게 중요하냐면, 그런 판에 박힌 생활을 하는 것이 창의적인 일에 꼭 필요하기 때문입니다.

사소한 변화라는 건 다른 조건을 전부 똑같이 맞추지 않으면 알아챌 수가 없습니다. 매일매일 라이프스타일이 다르면, 일어나는 시간도 잠드는 시간도 먹는 것도 전부 제각각이어서는 자기 내면에 무언가 새로운 것이 나타나도 깨닫지 못하겠죠. 여러분들도 보통 출근할 때 지나는 길은 거의 똑같지 않습니까? 매일 같은 길을 같은 시간에 지나다 보면 사소한 변화를 감지할 수 있습니다. 가장 눈에 띄는 건 계절의 변화죠. 원래 이 시간에는 어두웠는데 밝아졌다든지, 꽃봉오리가 맺혔다든지, 정말 사소한 변화입니다. 계절 변화 같은 미세한 변화는 다른 조건을 유지해야 보입니다.

중요 인물을 경호하는 SP(Security Policy, 요인 경호를 담당하는 사복 경찰관) 같은 사람들이 경호 임무를 맡아 가장 먼저 하는 일은 요인이 지나갈 길을 미리 걸어보는 것입니다. 코스가 매일 다르겠지만 몇 가지 주요 코스는 반드시 미리 직접 걸어봅니다.

변화라는 것도 패턴이 있는데 두 개뿐입니다. '있어야 할 것이 없어지는 것'과 '없어야 할 것이 생겨나는 것'입니다. 항상 이 둘 중 하나죠. 없던 것이 생기는 경우는 쉽게 눈에 띕니다. 하지만 있어야 할 것이 없어지는 변화는 관찰력이 어지간히 좋지 않으면 눈치채기 어렵습니다.

자기 신체 또는 뇌 안에서 일어나는 일에 대해서도 SP와 같은 신중한 관찰력이 필요하다고 생각해서 저 역시 늘 판에 박힌 생활을 하고 있습니다. 무라카미 하루키 씨 정도는 아니지만 저도 5시 반쯤에 일어나서 합기도 수련을 하고, 아침 식사 후 오전 내내 일하다가 오후에는 또 다른 일을 합니다. 볼일이 있어도 좀처럼 밖에 나가지 않아서 '집에서 나가지 않는 지知의 전도사'같은 별명도 생겼습니다. 하지만 매일매일 도장으로 찍어내듯 틀에 박힌 생활을 할 때가 가장 창의성을 잘 발휘할 수 있습니다.

새로운 아이디어는 아주 자그마한, 어렴풋한 느낌에서

시작합니다. 길을 걷는데 건너편에 갑자기 누군가가 나타났다가 사라지는 느낌이라고나 할까요. 멀리서 나타나 스쳐지나가는 사람을 쫓아가서 모퉁이를 도는 순간, 꼬리를 잡는 듯한 느낌입니다. 뭔가를 만든다는 것, 상상한다거나 새로운 아이디어를 얻는 순간이라는 것은 대개 이런 느낌입니다.

아마 여기도 연구에 계속 몰두해본 분이 계실 겁니다. 그런 분들은 아시리라 생각하는데, 장기간에 걸쳐 집중적으로, 아침부터 밤까지 계속 같은 연구를 하다 보면 '아카데믹 하이' 상태에 도달합니다. 이런 건 틀에 박힌 생활을 하면서 자신의 내면, 뇌나 신체 내부에서 일어나는 미세한 변화에 계속 집중하지 않으면 절대 일어나지 않습니다.

공생이라는 주제로 이야기하다 보면 대부분 자기는 여기 있고 타인이 옆에 있어서 그 사이에 어떤 관계를 맺으면 좋을까를 고민하는 것으로 생각하실 겁니다. 전 공생이란 그런 게 아니라고 생각합니다. 공생의 가장 기본적인 형태는 인간과 자연의 관계, 또는 인간과 신체의 관계입니다. 틀에 박힌 삶을 유지하면서, 똑같은 일상을 매일 반복하면서 그

없던 것이 생기는 경우는
쉽게 눈에 띕니다.
하지만 있어야 할 것이 없어지는 변화는
관찰력이 어지간히 좋지 않으면
눈치채기 어렵습니다.

우치다식 공생의 필살기

속에서 일어나는 자그마한 변화들을 놓치지 않는 겁니다. 생각지도 못한 아이디어가 태어나는 그 순간을 놓치지 않기 위해서 말이죠. 자기 내면에 미지의 것이 있다는 그런 확신이 있어야 합니다. 아이디어라는 건 결국 자기 안에서 나오는 것입니다. 모퉁이에서 간신히 붙잡은 꼬리를 당기다 보면 거대한 무언가가 딸려 나옵니다. 전부 자기 안에서 나오는 것입니다.

## 자아의 집

얼마 전, 중학생 여럿이 찾아와 인터뷰를 청했습니다. 참 영리한 아이들이었습니다. 이런 질문을 하더군요.

"어른들은 자기답게 살아야 한다, 오리지널한 삶을 살아야 한다고 이야기하는데, 저는 그게 무슨 얘긴지 잘 모르겠어요. 우치다 선생님은 '자기답다'라는 말의 의미가 뭐라고 생각하세요?"

"우치다 선생님은 자기답게 살고 있나요?"

저는 나름대로 자기답게 살고 있다고 생각합니다만, 그

건 그 중학생 아이가 생각하는 '자기답게'와는 다른 것일지도 모릅니다. 제가 생각하기에 자아라는 것은 여러 사람이 살고 있는 집합주택, 아파트 같은 것입니다. 지저분한 목조 건물에 사람들이 있고, 가운데 복도가 있어서 문이 다닥다닥 붙어 있습니다. 다양한 사람이 살고 있는 거죠. 아주 조용한 사람도 있고, 시끄러운 사람도 있고, 깨끗한 걸 좋아하는 사람도 있고, 더럽히는 사람도 있고, 제멋대로인 사람도 있고, 야비한 사람도 있고, 의외로 품위 있는 사람도 있고, 손이 큰 사람도 있고, 구두쇠도 있을 거고요. 그 많은 사람이 제 안에 살고 있는 겁니다. 그래도 어떻게든 나름 평온하게 살아갈 수 있는 건 트러블이 생길 때마다 중재해주는 사람이 있기 때문입니다. 그 사람이 집주인은 아니고, 그냥 주민 중 한 명이지만 '모처럼 한곳에 살게 됐으니 사이좋게 지내요'라고 말해주는 거죠. 때때로 깨끗한 걸 좋아하는 사람이 매번 집을 더럽히는 사람을 내보내야 된다, 쫓아내자고 하면 조정역이 가서 달래는 식으로요.

자아에 대해 제가 가진 이미지는 그런 아파트입니다. 이

115

우치다식 공생의 필살기

아파트는 주민이 많으면 많을수록 커집니다. 규모도 커지고, 생활이 풍부해집니다. 주민들이 점점 다양화되니까요. 이 아파트 전체가 하나로서 기능하니까 뭔가 문제가 생겼을 때 '이 문제는 302호에 사는 사람한테 물어봐야 한다, 저 사람이 적임자다' 하는 식으로 말할 수 있겠죠. 이런저런 사람이 있을 거예요. 돈을 많이 버는 사람, 토론 잘하는 사람, 남을 잘 속이는 사람 등 여러 유형의, 다양한 특기를 가진 사람들이 있는 거죠. 거기서 '나'는 여기 살고 있는 한 명의 주민이 아닌, 아파트 전체라고 생각합니다. 이렇게 제 자아 안에 많은 사람이 살고 있다고 생각하니 마음이 편해졌습니다. 언뜻 '나답다'라는 것은, 하나의 사고방식과 단일한 가치관 및 미의식을 가지고 하는 일마다 일관성이 있어야 한다는 뜻으로 들리지만, 서는 수미일관성과 자기다움은 관계가 없다고 생각합니다. 자신의 오리지널리티, 자기다움이란 것은 이런 아파트 같은 것입니다. 세상에 하나밖에 없는 이 아파트의 풍경, 촉감, 냄새, 기능 등 그 모든 것이라고 생각합니다.

보통 남에게 관용적이어야 한다, 개방적이어야 한다, 약자에게 손을 내밀어야 한다고 시끄럽게 말하는 사람들 중에는 의외로 비관용적인 사람이 많습니다. '인간은 오픈 마인드를 갖지 않으면 안 된다!'라며 강요하는 말투는 그다지 오픈 마인드가 아니죠.

약자에게 손 내밀 수 있는 사람은 자기 내면의 약한 부분을 이해할 수 있는 사람입니다. 비루한 사람, 천박한 사람, 사악한 사람조차도 타자에 대한 관용이라든지 이해, 공감을 보일 수 있는 건 자기 안에 있는 그런 인격적인 요소를 받아들이고 있기 때문입니다. 보통 공생이라고 하면 나는 강하고 부유하니까 약하고 가난한 사람을 도와줘야 한다는 식으로 생각합니다. 저는 이게 진정한 의미의 공생이 아니라고 생각합니다. 약한 사람을 보면서 자기 내면에도 그와 같은 사람이 있다고 느끼는 순간 약자에 대한 지원의 필연성을 깨닫게 됩니다. 그 약자가 바로 자기 자신이기 때문입니다. 형태는 다르지만 똑같은 것이 내 안에 있음을 아는 거죠.

117

사람들은 저를 아줌마스럽다고 합니다. 물론 저에게는 아줌마스러운 측면뿐만 아니라 아저씨 같은 부분도 있고, 소년 같은 면모도 있고, 어린애 같은 부분도, 노인네 같은 측면도 있습니다. 다양한 성별, 연령의 캐릭터가 혼재해 있죠. 특히 여대에서 21년 동안 교편을 잡다 보니 여성성이 상당히 강해졌습니다. 여학생들에게 맞추다 보니 아줌마 같아졌는데요. 전 그게 잘된 일이었다고 생각합니다. 제가 딱 그즈음에 이혼해서 싱글파더로 딸과 둘이 살았거든요. 딸아이가 여섯 살에서 열여덟 살이 될 때까지 12년을 부녀 단 둘이 지냈습니다.

사실 부자가정, 부녀가정이라는 건 존재하지 않습니다. 보통 모자가정이잖아요. 아버지 따윈 있어도 쓸모가 없지요. 아이들에게 필요한 건 어머니죠. 밥해주고, 빨래해주고, 옷 챙겨주고······. 그런 기본적인, 일상의 생리적 욕구를 확실하게 충족시켜주는 것이 아이에게는 가장 필요하니까요. 아이를 생리적인 의미에서 살아남을 수 있게 해주는 것이 부모의 최우선 과제인데, 그러니 아이 입장에서는 아버지한

테 볼일이 없죠. 그런데 그렇게 12년 동안 표면적으론 부녀가정, 실질적으로는 모녀가정을 유지하다 보니 제가 엄마처럼 변했습니다. 어릴 적부터 형님과 둘이 자라다 보니, 제 안에 모성이 있을 거라고는 생각도 하지 못했는데 말이죠. 젊을 때는 굉장히 공격적이고 폭력적이고 위압적인 남자였는데, 어머니 역할을 하다 보니 그런 캐릭터는 어딘가로 숨어버리고 상냥한 캐릭터가 앞으로 나왔습니다. 그때 '아! 내 안에 이런 캐릭터가 있었구나' 하고 깨닫고는 상당히 놀랐던 기억이 납니다. 그런 나 자신에 대해 제법 자신감도 생겼습니다. 12년간 부자가정으로 살면서 내면에 숨어 있던 어머니의 모습을 발견한 뒤로 제 사회관계가 굉장히 안정되고, 넓어졌습니다. 예전이라면 절대로 어울리지 않았을 사람들과도 이야기가 통하기 시작했죠. 여대생들에게 진지한 인생상담을 해주게 됐습니다. 그때 저는 인간이 이렇게 자기 내면에 잠재적으로 존재하는 다양한 인격 요소를 발굴해서 키워냄으로써 다양한 타입의 인격을 갖추어가는 것이 바로 인간적인 성숙이 아닐까 생각했습니다.

어른이라는 것은 결국 누가 무슨 말을 하든 '그럴 수도 있지' 하며 상대의 말에 이해와 공감을 표할 수 있는 사람이라고 생각합니다. 박애주의자여서라거나 다른 사람에게 뭔가 줄 것이 있어서 타인을 받아들이는 건 아닙니다. 다른 사람과 공생하는 것, 타인을 받아들이는 것 자체가 기본이 되어야 합니다. '공생할 수 있는 능력'이라는 게 굉장한 노력을 요한다는 생각, 예외적인 소수만이 획득할 수 있다는 식의 발상은 상당히 위험합니다.

일본만 그런 건지도 모르겠습니다만, 외국에서 온 사람들을 어떻게 하면 따뜻하게 맞이할지를 논하는 사람 중에는 화를 잘 내는 사람이 많습니다. 상당히 엄격하고, 비관용적인 정치적 주장을 품고 있는 사람이 의외로 많죠. 그런데 이건 좀 잘못된 생각이 아닐까요? '타자와의 공생은 사실 쉬운 일이다', '힘든 일이 아니다'라는 식으로 이야기 구조를 재편해야 하지 않나 생각합니다. 실제로 여러분은 매일 타인과 생활하고 있지 않습니까? 모두가 매일같이 타자와 어울리며 생활하고 있습니다. 이해도 공감도 할 수 없는 사람, 자신과 의견이 맞지 않는 사람과 같이 살고 있습니다. 그 범위를 조금만 넓히면 되는 거죠.

시리아 난민 문제, 노동 이민 문제 등으로 일본도 타자와의 공생이 커다란 정치적 이슈입니다. 제가 걱정하는 건 이런 문제를 논할 때 사람들이 너무 진지하다는 점입니다. 지나치게 성실하거나, 과하게 진지하거나, 아니면 예외적인 노력이 필요하다고 강조합니다. '타자와 공생한다는 것은 힘든 일이며, 타자와 공생할 수 있는 능력을 지닌 사람은 잘난 사람이다'라고 설정해버리면 타자와의 공생이 힘들어집니다.

인간이 살아가는 데 절대적으로 필요한 일들이 있습니다. 결혼이라든가 부모가 되는 것, 다른 사람에게 뭔가를 가르치는 것, 이해도 공감도 할 수 없는 타자와 공생하는 것도 그중 하나입니다. 이게 안 되면 집단이 존속할 수 없습니다. 예를 들어 결혼에 엄청나게 어려운 조건이 필요하다면, 연수입은 얼마 이상이어야 하고 학벌은 어느 정도여야 하며 인격적으로도 어느 정도 수준이 아니면 안 된다는 식으로 조건을 붙인다면 결혼할 수가 없잖아요. 부부도 마찬가지입니다.

121

남편은 이래야 한다, 육아는 얼마나 도와야 하고 집안일은 얼마를 해야 한다는 조건을 붙이면 누가 결혼할 수 있겠습니까? 양육도 마찬가지입니다. 부모가 되기 위해선 어떤 특별한 조건을 갖춰야 한다고 요구하면 부모가 되기 힘들어집니다. 여러 면에서 자신과 다른 집단이나 개인과 조우했을 때 다투지 않고 살아가는 지혜가 바로 공생의 매너라고 생각합니다. 이것이 갖추어져 있지 않으면 집단과 집단이 만났을 때 싸움이 일어나고, 개인의 경우 배제당하게 됩니다. 가치관이나 언어, 종교 등이 전혀 다른 상대와도 공생할 수 있는 능력. 이런 능력은 어렸을 적부터 반드시 개발하지 않으면 안 되는 능력입니다.

하지만 애석하게도 현대 사회에서는, 세계 어느 나라에서든 마찬가지일 거라 생각합니다만, 공생의 매너를 가르치고 있지 않습니다. 모든 나라에서 아이들의 자기다움, 오리지널리티 등에 이상할 정도로 높은 가치를 두고 있습니다. 아이들이 어린 시절부터 공생의 매너를 배울 기회를 잃고, 어른들은 그걸 가르쳐야 한다는 문제의식조차 없다는 것이

다른 사람과 공생하는 것,
타인을 받아들이는 것 자체가
기본이 되어야 합니다.
'공생할 수 있는 능력'이라는 게
굉장한 노력을 요한다는 생각,
예외적인 소수만이
획득할 수 있다는 식의 발상은
상당히 위험합니다.

이 시대에 일어나는 커다란 불행들의 원인입니다. 인간의 마음이 병들어갈 때 나타나는 특유의 정신 상태가 있습니다. 무언가에 집착하고, 프라이드를 내세우고, 내가 가져야 할 것을 누군가에게 빼앗기고 있다는 피해의식을 보입니다. 사회 전체가 정신병자를 만들고 있는 건데 가장 먼저 나타나는 것이 집착이죠. '이렇게 되지 않으면 안 된다'는 압박감입니다. 지금의 사회는 옷, 음식, 수집품 등에 대한 집착을 상당히 높게 평가합니다. 아마 사회적 요구 때문에 이렇게 된 거라 생각합니다. 사람들이 무언가에 집착할수록 소비활동이 활발해지기 때문이겠죠.

자신의 경제 상황과는 상관없이 그게 아니면 안 된다고 생각하는 사람들은 빚을 내서라도 그 물건을 삽니다. 남들과 다르게 입으면 주위에서 바보 취급당한다고 생각하고, 사회적 능력이나 학력, 사는 집과 자동차, 라이프스타일 등에 자기 프라이드가 걸렸다고 여기니까요. 이런 집착은 자기고유성을 점점 축소시킵니다. 다양한 사람이 사는 목조 주택이 아니라, 단 한 명이 모든 것을 제 마음대로 하는 집에 살고 있는 것이나 마찬가지죠. 자신이 좋아하는 가구를 두고, 좋아하는 그림을 걸고, 좋아하는 음악을 틀어두는 거죠. 깔끔하게 디자인되었지만 아무도 살지 않는 유리상자 같은 자아를 원하는 사람이 너무 많지 않나 싶습니다. '그렇게 사는 것이 가장 멋지게 사는 것이고, 그래야 행복해질 수 있다'라는 생각을 사회 전체가 사람들에게 주입한 결과죠. 그렇게 말끔한 집에서 자기가 좋아하는 와인을 마시고 있을 때 누군가 문을 두드리며 하룻밤만 재워달라고 한다면, 흔쾌히 재워줄 수 있을까요? 나그네가 문을 두드리며 잠자리를 청할 때 '좋습니다'라고 대답할 수 있는 집이란 건 따로 있죠. 깨끗하진 않지만 방은 많으니까 아무 데서나 자도 된다고 할 수 있는 집입니다. 타자를 환대한다는 것은 그런 삶의 방식을 취하는 것입니다. 자기 자신이라는 집의 문을 열었을 때, 그 안에 이미 다양한 사람이 살고 있고, 디자인적으로 통일돼 있지도 않고, 깨끗하게 청소된 곳도 있긴 하지만 더러 지저분한 곳도 있습니다. 부엌이나 화장실도 함께 사용하다 보니 복잡한 냄새가 배어 있습니다. 그런 아파트라면 누

우치다식 공생의 필살기

가 찾아와도 빈방이 있으니 같이 지내자고 할 수 있겠죠.

사람들이 자신의 자아, '나다움'을 어떻게 설계할지 정할 때, 첫 단추를 잘못 끼우고 있다는 생각이 듭니다. 여러분처럼 어린아이들부터 중학생, 고등학생까지의 학생들을 가르치는 선생님들이 제일 먼저 가르쳐야 할 것은 역시 '자기 내면에 다양한 것이 혼재해도 괜찮다'라는 생각일 겁니다. 어느 아이에게도 품위 있는 면과 비루한 면모가 있고, 용감한 면과 비열한 면이 있으며, 향상심 있는 부분과 방종한 부분이 있고, 선량한 면과 사악한 면이 있습니다. 인간이 원래 그런 거라고, 그래도 괜찮다고 가르쳐야 합니다. 개성이란 것이 항상 수미일관적으로, 똑같은 것을 하는 게 아니라는 점을 알려줘야 합니다.

자아의 깊이라거나 넓이, 풍부함이야말로 개성이라는 것을 먼저 가르치는 것. 나는 이런 스타일의 옷밖에 입지 않는다거나 이런 음악밖에 듣지 않는다는 사람은 스스로를 개성적이라고 생각할지도 모르지만, 실제로는 대량 생산된 상품을 그저 소비하고 있는 것에 불과합니다. 실제로 자신의 내

126

면에 풍부한 개성의 단편을 지닌 아이들이야말로 이윽고 성숙한 시민이 되어 다양한 문화권으로부터 찾아오는, 다른 사회에서 방문하는 타자들에게 관대할 수 있는 기본적인 힘을 갖출 수 있을 거라 생각합니다.

오늘 제 이야기는 사회적인 상식에 반하긴 합니다만, 여러분은 잘 이해하셨으리라 생각합니다. 딱히 당장 내일부터 갑자기 동료들이나 학생들에게 오늘 제가 한 이야기를 그대로 전해줬으면 좋겠다고 생각하지는 않습니다만, 오늘 들은 이야기를 적어도 당분간은 의식하실 거라고 생각합니다. '도대체 우치다는 무슨 이야기를 하고 싶었을까?'라는 고민으로 상당히 고통스럽지 않을까 싶습니다. 그러나 그런 고통은 틀림없이 풍성한 결실을 맺으리라 생각합니다. 들어주셔서 감사합니다.

자신의 내면에

풍부한 개성의 단편을 지닌 아이들이야말로

이윽고 성숙한 시민이 되어

다양한 문화권으로부터 찾아오는,

다른 사회에서 방문하는

타자들에게 관대할 수 있는

기본적인 힘을 갖출 수 있을 거라 생각합니다.

**질의/응답**

**Q1.** 공생의 필살기 첫 번째 단계는 자아의 디자인이라고 하셨습니다. 자아라는 아파트에는 자기가 좋아하는 것도 있고, 싫어하는 것도 있을 텐데요. 그 아파트에 자기가 정말 싫어하는 것, 내 것이 아니었으면 하는 부분이 있으면 어떻게 처리합니까?

**A1.** 아파트에 같이 살고 있는 주민 중에 더러운 짓을 하는 주민도 있지요. 진짜 싫고, 다른 사람들도 나가줬으면 좋겠다고들 하지만, 그럼에도 불구하고 '이렇게 함께 살게 된 것도 인연이니 같이 잘 지내자'하는 식으로 달래야 합니다. 쫓아내면 안 됩니다. 그럴 수도 없고요. 이미 당신 안에 있는 것이기 때문에. 억압하기보다는 그대로 두고 같이 사이좋게 사는 편이 낫죠. 저한테도 싫어하는 제 자신이 있습니다. 공격성이라던지 비루함이 있습니다만, 있는 건 있다고 인정하고 방치하는 편이 무해합니다. '난 천박하지 않아, 쩨쩨하지 않아, 공격적이지 않아' 하

는 식으로 자기가 좀더 나은 사람이라고 믿기 위해 실제로 존재하는 공격적인 면, 비굴하고 천한 면을 부정하면 이런 것들은 반드시 어딘가에서 다시 솟아나 큰 재난을 불러옵니다.

Q2. 자신과 살아가기, 타인과 살아가기, 자연환경과 살아가기, 인문환경과 함께 살아가기 등등. 함께 살아가는 일에서 무엇이 가장 우선일까요?

A2. 자신과의 공생이 우선입니다. 자신과 공생할 수 없는 사람이 타인과 공생하는 상황에서 남는 건 억지 인내뿐입니다. 이해할 수도 공감할 수도 없는 타자로 인해 모든 게 거슬리지만 그걸 꾹 참아야만 하겠죠. 그런 인내심은 얼마간은 버틸수 있을지 몰라도 오래가지 못합니다.

Q3. 그렇다면 너무 어린 시기에 학교에 가는 것보단 좀더 성장한 뒤에 가는 게 낫지 않을까요?

130

**A3.** 그건 좀 경우가 다른 이야기입니다. 어린아이들에겐 아직 자아란 게 없습니다. 아이들은 자기랑 친한 친구가 넘어지거나 하면 같이 울기 시작하지 않습니까? 남을 때려놓고 자기가 맞았다고 떼를 쓰기도 하죠. 아직 자아와 타자가 분화되지 않아, 자신과 타자의 구분이 안 되는 상태인 겁니다. 자아란 것은 성장 과정에서 자기라는 개념을 좁혀가며 필연적으로 획득합니다만, 자아가 확정된 뒤의 어느 단계에서는 좁혀지던 것이 어느 날 넓어지는 순간이 옵니다. 터닝 포인트가 있는 거죠. 저 같은 경우는 그런 터닝 포인트가 11세에 있었습니다. 당시 저희 아버지가 소년소녀세계문학전집이라는 걸 사주셨습니다. 매달 한 권씩 배달되어 오는 거였는데, 아버지가 잘 읽어보라고 하셔서 매달 꼬박꼬박 읽었습니다. 그러길 몇 달하다 보니까 이번에는 소녀소설이 왔습니다. 《작은 아씨들》과 《키다리 아저씨》, 《빨간머리 앤》, 조르주 상드 George Sand의 《사랑의 요정》 같은 책들이었습니다. 사실 그전까지 읽었던 문학전집은 그다지 재미있지 않았습

131

니다. 그런데 이 소녀소설들은 너무너무 재밌었어요. 이 책들은 주인공이 전부 여자입니다. 이러한 책 읽기를 통해 소녀가 되어 소년을 사랑하는 추체험을 하게 되었습니다. 책 속으로 들어가서 주인공 소녀가 되어 그 세계를 경험한 거죠. 그때 제 자신이 엄청나게 풍성해진 기분이 들었습니다. 이전까지 11세 소년의 몸 안에 갇혀 있던 제가 소녀가 주인공인 소설을 읽음으로써 여자아이들에게는 세상이 어떻게 보이는지를 깨달은 겁니다. 저에게 상당히 커다란 사건이었습니다. 국적을 넘어, 직업도 성별도 연령도 다른 타자에게 동화됨으로써 세계에 대한 시각을 넓혀나가는 과정을 일종의 쾌감으로서 경험한 거니까요. 문학이 가져다주는 이런 경험은 굉장한 것입니다. 대여섯 살에는 그다지 문학작품에 파고들지 못하지만 초등학교 고학년에서 중학생 정도 되면 문학을 통한 자아의 부유화, 즉 어릴 적부터 만들어져온 자아가 문학을 통해 풍성해지는 경험을 할 수 있다고 생각합니다. 소녀만화도 괜찮고, 영화나 드라마도 좋습니다. 성별도 상관없습니다. 어릴 적에 그런 소녀소설을 읽거나 만화를 읽는 경험을 하지 않은 채 성장하면 타자에 대한 감정이입이 점점 어려워집니다. 정확히 어떤 단계에서 어떤 방식으로 자아가 다양화되는지는 저도 잘 모르겠습니다만, 대체로 열 살 무렵이 커다란 터닝 포인트가 됩니다. 그때 타자와 동화되는 경험을 쌓을 수 있느냐 없느냐가 중요하다고 생각합니다.

Q4. 우치다 선생님은 여성의 감수성을 굉장히 높이 사시는데, 사실 저희 교실은 남성의 풍미로 가득합니다. 여교사로서 남자들의 본능적인 감성을 이해하기가 너무 힘들어요. 여성적인 것도 중요하긴 한데 공생에 있어서 남성에 대한 감수성이 도움이 되는 것도 있지 않을까요? 그 본능적인 감각을 여성이 어떻게 이해해야 할까요? 무라카미 하루키 씨를 좋아하신다니 우치다 선생님은 혹시 그분이 가진 남성적인 감수성을 좋아하시는 건 아닐까 싶기도 했습니다.

**A4.** 날카로운 질문이네요. 저는 남성이므로 여성의 원리를 어떻게 획득할지가 제 입장에서는 목표였습니다만, 여성이 어떻게 남성의 원리를 획득하느냐 하는 문제에 관해서는 생각해본 적이 없었습니다. 이 사회의 구조 자체가 사실 남성의 원리로 되어 있죠. 학습을 하든 뭘 하든 그런 시스템, 그런 흐름에 들어가지 않으면 사회생활 자체가 불가능합니다. 그래서 사회 전체를 둘러싸고 있는 남성의 원리가 자신의 내면에 파고드는 것을 어떻게 자각하고 막아내느냐 하는 문제의 긴급성이 오히려 더 높다고 생각합니다. 한쪽이 모든 것을 지배하면 안 되는 거니까요. 남성의 원리와 여성의 원리가 조화롭게 길항하는 다이내믹한 상태가 가장 생산적인 형태가 아닐까 생각합니다.

무라카미 하루키 말씀하셨는데요, 저더러 그의 남성성에 주목한 게 아닌가 질문하셨는데……. 정말 날카로우시네요. 실제로 그는 여성성이 굉장히 희박합니다. 그리고 그 자신도 그걸 자각하고 있습니다. 그가 열심히 집안일하는 장면, 이를테면 식사를 준비나 다림질하고 청소하는 모습을 이상할 정도로 자세히 쓰는 건 자신에게 없는 여성성에 대한 동경 때문일 겁니다. 그도 이따금씩 여성을 주인공으로, '나'라는 화자로 설정해서 글을 쓰기도 합니다만, 역시 무리라는 느낌이 듭니다. 주인공이 제대로 된 육체를 가지고 있지 못하다는 느낌이에요. 그에게 여성은 미스터리인 거죠. 그러니까 여자가 주인공이 되어도 미스터리어스합니다. 남성 주인공에 대해서는 정말 자세하게 묘사하는데, 여성 주인공에 대해서는 묘사력이 많이 떨어집니다. 어쩔 수 없는 거죠.

반대로 여성 작가가 남성 주인공을 내세웠을 때 전혀 쓸 수 없는 것들이 있습니다. 특히 스케일이 큰 느낌은 못 내는 거죠. 스케일이 크다는 것은, 청탁병탄清濁竝吞이라는 표현이 있죠? 깨끗한 것도 더러운 것도 전부 받아들여 쓴맛도 단맛도 전부 삼키듯이 다양한 경험을 해서 복잡괴기한 인물이 되는 경우, 유아성이 있는가 하면 노인성도 있고 여성성, 남성성도 혼재하는, 그런 남자

135

주인공을 내세워 일인칭으로 묘사할 수 있는 여성 작가는 제가 본 적이 없습니다. 여성 작가가 그려내는 남자 주인공은 아무래도 단조롭기 마련입니다. 불합리한 남자는 끝까지 불합리합니다. 폭력적인 인물은 끝까지 폭력적입니다. 칠칠맞은 남자는 칠칠맞은 그대로입니다. 일상적으로 보듯이 보통 남자들은 부조리하다가도 갑자기 이치에 맞게 행동하고, 칠칠맞다가도 단정하게 생활하는 때도 있기 마련이죠.

역시 성별이 다르면 이러한 다양성을 그려내는 일이 어려워지는 게 아닐까 싶습니다. 눈에 띄는 여성적 특성, 남성적 특성을 그려내는 것은 가능하겠지만 복잡한 부분까지 전부 묘사하기는 어렵죠. 무라카미 하루키 씨는, 이런 이야기를 일본에서 하면 큰일 날지도 모르겠습니다만, 여성을 그려내는 데는 그다지 능숙하지 않을지도 모릅니다. 물론 남자의 입장에서 본 여성의 모습은 잘 그려내지요. 여성의 내면을 그려내는 일은 그런 천재에게도 어려운 일인 겁니다.

Q5. 공생에 대한 말씀에 많이 공감하고, 방법적인 해결보다는 큰 화두를 제시하는 강연이었다고 저 개인적으로는 받아들였습니다. 한국 사회는 앞으로도 공생을 좀더 화두로 삼아 함께 고민해야 한다고 생각합니다. 남북분단부터 시작해서 급속한 자본주의화로 인한 계층 간 갈등, 외국에서 밀려오는 이주민과 함께 사는 문제, 그리고 학교 내에도 다양한 계층과 문화로 인한 너무나 많은 문제가 있습니다. 저희들은 안에서만 살다 보니까 제대로 못 볼 때가 있어요. 그런데 교수님은 일본에서 사시니까 한국 사람이 아닌 외국인의 관점에서 한국 사회의 공생을 위해서 '이런 방법이 좋겠다' 하는 충고라든가, 조언은 없을까 궁금하네요.

A5. 교사들의 결점 중 하나가 지나치게 성실하다는 점이 아닐까 생각합니다. 항상 자기 혼자 어떻게든 해야 되겠다고 생각하죠. 교원들이 직면하고 있는 교육문제, 사회나 세대 전체를 교육한다는 문제는 절대로는 아니더라도

기본적으로 개개인이 어떻게 할 수 있는 문제가 아닙니다. 지금 한국에서 학교교육에 종사하는 모든 사람이 공동으로 대처해야 합니다. 교사 전체가 다세포 생물이라고 생각하는 겁니다. 언제나 하는 이야기입니다만 교육의 주체는 교사단faculty이라고 하는 공동체입니다. 개인이 아닙니다. 교사 한 사람이 지금 돌볼 수 있는 것은 눈앞에 있는 몇 명의 학생뿐입니다. 그걸로 충분한 겁니다. 나머지는 다른 교사들이 해주면 되니까요. 모두의 공동작업으로 전체를 커버할 수만 있으면 됩니다. 교육활동이라는 것은 개인이 하는 게 아니기 때문입니다. 지금 여기 계신 분들, 동세대의 교사들만이 아니라 과거에 돌아가신 교사들, 아직 태어나지 않은 미래의 교사들까지 전부 합쳐 '교사단'이라는 하나의 교육 주체입니다. 자신은 다세포 생물의 세포 하나에 지나지 않는다고 생각하고, 자신의 자리에서 자신의 역할에만 전념하면 된다고 생각합시다. 그렇게 생각하면 매뉴얼도, 정답도, 올바른 교수법에 대한 지식도 그리 중요하지 않습니다. 모두 함께하

138

고 있기 때문입니다. 개인의 지혜에는 한계가 있지만 집단의 지혜에는 한계가 없습니다. 집단의 영지英知라는 것은 장기적으로 반드시 건전하게 작용합니다. 이건 저의 확신입니다.

저도 젊었을 적에는 제대로 된, 올바른 교육을 하고자 노력했습니다. 최선을 다해서 수업했습니다. 그래도 듣는 아이들은 2할 정도뿐이었습니다. 7할 정도는 전혀 모르겠다는 표정으로 앉아 있고, 나머지는 자고 있었습니다. 그때의 저는 이 2할을 어떻게든 7할, 8할, 9할로 늘려야만 한다고 생각했습니다. 이건 제가 당시의 동료 선생님들을 믿지 않았다는 뜻이기도 합니다. 제 이야기를 듣는 2할이 있으면 다른 교사의 이야기를 듣는 2할이 있고……. 이런 식으로 모두가 분담하면 되는데 말이죠. 저는 교사의 타율은 2할 정도로 충분하다고 생각합니다. 오늘 강연은 3할 5푼 정도 될 것 같은데, 이건 엄청나게 높은 스코어입니다.

교육에 절망하는 사람은 모든 아이가 자기 이야기를

이해해야 한다고 생각하는 사람입니다. 그건 단연코 오만한 생각입니다. 과거의 교사들과 미래의 교사들, 함께 교육에 힘쓰는 동세대 교사들에 대한 신뢰가 있다면 그런 걸로 절망할 리 없으니까요. 타율 2할로 충분하다고 생각하면, 교사로서의 하루하루가 굉장히 유쾌해집니다. 스트레스도 없어집니다. 기분이 좋은 선생님은 점점 창의적인 궁리도 하게 되고, 학생들도 '오늘 선생님 기분 좋으시네' 하고 관심을 기울이니 타율도 점점 오릅니다. 중요한 것은 욕심을 부리면 안 된다는 점입니다. 일본에서는, 아마 한국의 교육부도 마찬가지겠지만, 문부과학성 등의 기관에서 올바르고 유일한 교육법이 있다고, 교사가 그걸 학습하면 모든 학생이 눈을 떠서 교육성과를 올릴 수 있다고 이야기합니다. 이건 단적으로 말해 거짓말입니다. 올바른 교육방법이란 건 존재하지 않습니다. 다양한 교육방법이 존재하는 겁니다. 이게 많으면 많을수록 타율은 올라갑니다. 이 타율은 교사 개개인에 대해서가 아닌 교사단 전체의 퍼포먼스, 전체의 성과로밖에 측정할 수 없습니다. 여러분이 하신 교육활동의 성과는 지금으로부터 30년, 50년 후에 한국의 젊은이들이 성숙해서 어른이 됐을 때 나옵니다. 한국 사회가 건전하게 기능하고, 그들이 건전한 시민이 되어 있다면 그 교육활동이 성공했다는 뜻입니다.

너무 열 내지 마세요. 2할이면 됩니다.

# 2016 / 2017

## 세 번째 이야기

### 교사단의 관점에서 교육 낯설게 보기

일시 | 2016년 9월 26일
장소 | 세종특별자치시교육청 2층 대강당
주최 | 세종특별자치시교육청 · 에듀니티

일시 | 2016년 9월 27일
장소 | 강원교육과학정보원 대강당
주최 | 강원도교육청 · 에듀니티

일시 | 2017년 11월 6일
장소 | 광주교육과학연구원
주최 | 광주광역시교육청 · 에듀니티

일시 | 2017년 11월 7일
장소 | 경상남도교육청
주최 | 광주광역시교육청 · 에듀니티

강의 동영상으로 연결되는
QR코드입니다.

# 교사단의 관점에서
# 교육 낯설게 보기

안녕하십니까, 우치다 타츠루입니다. 한국에 와서 이렇게 학교 선생님들 앞에서 강연한 지 올해로 5년째입니다. 이번에도 작년처럼 교육청 초청으로 왔습니다. 이렇게 매년 교육 관련 공적기관의 의뢰로 강연하는데, 사실 이런 일은 일본에서는 전혀 없습니다.

2년쯤 전, 헌법기념일에 헌법을 지키자는 취지의 집회가 고베에서 열려 참석했을 때의 일입니다. 만약 우치다가 강연한다면 강연장을 빌려주지 말라는 명령이 고베시 교육위원회에서 내려왔다고 합니다. 저는 지난 25년 동안 계속 문부과학성의 교육행정정책을 아주 강하게 비판해온 터라 일본에서 반정부 인사로 취급되고 있습니다. 그래도 현장에서 일하는 교사들에게는 의외로 평판이 좋아서 한 해에 10회 정도는 여러 교사 모임에 참여해 강연하고 있습니다.

## 선생님은 훌륭하다

제가 교육론을 처음으로 제대로 논한 책이 《선생님은 훌륭하다先生はえらい》입니다. 한국에서는 《스승은 있다》(민들레, 2012)로 출간되었죠. 5년 전 박동섭 교수님이 번역하셨는데 이 책을 읽어보신 분들은 아시겠지만 치쿠마신쇼라는, 중고등학생들 대상의 새로운 시리즈가 출간될 때 제가 시리즈 번호 2를 의뢰받으며 "지금 일본의 중고등학생에게 가장 해주고 싶은 말이 무엇입니까?"라는 질문을 받았습니다. 그때 '선생님은 훌륭하다'라는 제목이 문득 떠올랐습니다.

10년 정도 전까지만 하더라도 일본에서는 교사들에 대한 비판이 굉장히 거셌습니다. 당시 학교교육의 현장에 다양한 문제가 일어나고 있었습니다. 학력 저하, 학급 붕괴, 왕따, 교내 폭력, 등교 거부, 히키코모리 등의 문제에 대해 한국의 교육부에 해당하는 기관의 관료나 정치인은 물론 미디어나 보호자들까지 하나같이 교사가 나쁘다고, 교사의 역량 부족이 문제라고 주장하며 학교와 교사에 대한 매서운 비판을 쏟아냈습니다. 일본 전체가 교사들을 강하게 비판하며 지금의 '교사는 아이들을 가르칠 역량이 부족하다', '교사가 더욱 노력해야 한다'는 식으로 모든 책임을 교사들에게 떠넘기려던 시기에 저는 그러한 논조에 정면으로 반박했습니다. "지금 학교에서 일어나는 문제를 해결할 수 있는 사람은 현장에서 일하는 교사들뿐이다. 그들에게 책임을 묻거나 비판하거나 몰아세운다고 해서 교육이 좋아지지는 않는다. 지금 여기, 현장에서 일하는 교사들을 어떻게 지원하며 격려하고 힘과 신념을 실어줄 수 있을지, 그럼으로써 창의적인 궁리를 다양하게 할 방법은 무엇일지, 그러한 교육환경을 어떻게 정비하고 지원할 수 있을지를 고민하는 것이 우리의 일"이라는 주장을 담은 책을 썼습니다. 지금 생각해보면 그때부터 교사의 역할에 대한 주류 언론과 저의 관점이 다르다고 생각했던 것 같습니다.

교사 개개인의 궁리나 재능이나 노력에 의해 '교사역량'의 차이가 생긴다는 생각을 많이들 합니다. 높은 교육력(교사역량, 개인역량)을 가진 교사와 평균적인 교사, 교육력이 낮은 교사가 있으니 이러한 차이에 확실히 등급을 매기고 차별화해야 한다고 말입니다. 교육력이 높은 교사에게는 포상을, 낮은 교사에게는 처벌을 주는 당근과 채찍 전략으로 등급을 매기면 각각의 교사가 자신의 능력을 높이려 노력할거라고요. 이것이 교사를 비판하는 사람들의 주된 논리입니다. 저는 가르치는 역량에 따라 교사의 등급을 나누고 랭킹을 매겨 각각의 등급에 맞는 처우를 해야 한다는 발상, 교육이라는 중대사를 교사 개인의 능력에 좌우되는 문제로 환원하는 발상에 의문을 품었습니다. 그건 교사를 개개인으로 분단시키는 일이 됩니다. 원자화라고 해야 될까요? 그렇게 해버리면 학교교육을 망치는 결과를 가져온다고 저는 직감했습니다.

지금 생각하면 교사의 등급을 나누는 분단화 발상이 본격
적으로 일본의 학교교육에 도입된 것은 1990년대의 일이었
습니다. 일본의 18세 인구는 1992년 피크 아웃되어 눈에 띄
게 줄어들기 시작했습니다. 이때부터 문제가 발생했습니다.
19세기 메이지 유신 이래 계속 이어져온 일본 교육행정의 역
할은 단 하나였죠. 국민들의 배울 기회를 증대시키는 것, 즉
학교를 늘리는 것입니다. 학교를 늘리고, 교사를 늘려 나라
의 문화적인 힘을 높이고 국력을 키우자는 발상에 반대하는
사람은 아무도 없었습니다. 그렇게 메이지 유신 이후 1990
년까지 일본의 정권과 문부과학성이 온 일본의 학교를 철저
하게 관리했습니다. 일본의 모든 학교에게 똑같은 것, 규격
화된 하나의 커리큘럼을 강제하고 그에 따른 교육을 명령했
습니다. 그렇게 모든 학교를 관리하는 대신에 보호해준 거
죠. 가부장적인 교육제도였습니다. 문부과학성이 어미 새,
학교들은 아기 새였다고도 할 수 있겠죠. 어미 새가 아기 새
에게 무엇을 할지 일일이 명령하고, 대신 확실하게 보호하고

길러주는 구조였습니다. 그러던 것이 1990년대에 들어서면서 상황이 바뀌었습니다. 앞으로 일본의 18세 인구가 줄어들어 학교 수를 줄이지 않으면 안 되는 상황이 될 것이 확실해졌습니다.

1992년 일본의 18세 인구는 205만 명이었습니다. 이 숫자는 20년 만에 40퍼센트가 줄어든 것입니다. 18세 인구의 추이라는 데이터는 18년 전부터 파악할 수 있는 정보죠. 약 20년의 준비 기간이 있었던 셈인데 문부과학성은 아무것도 하지 않았고, 갑자기 일본에 있는 대학의 40퍼센트가 사라져야 하는 상황이 닥쳤습니다. 문부과학성은 학교를 어떻게 늘릴지, 국민의 수학 기회를 어떻게 증대시킬지에 관한 요령은 있어도 학교, 특히 대학 수를 줄일 때 어떤 방법, 어떤 기준을 적용해야 하는지에 관해서는 전혀 모르는 상태였습니다. 앞서 어미 새와 아기 새라는 비유를 썼는데요, 아기 새 몇 마리가 죽어야만 한다는데 어미 새 입장에서는 자기가 낳은 새끼를 죽일 수가 없는 겁니다. 만약 문부과학성에서 '지금부터 대학을 없애나가겠다'라고 할 경우 '왜 그런 필요

없는 대학, 미래에 필요하지 않게 될 대학을 인가하고 세우게 했냐'라고 책임을 추궁당하게 됩니다. 문부과학성은 학교 수를 늘려 일본인의 수학 기회를 늘려왔다는 공적은 인정받고 싶었지만 학교를 없애는, 말하자면 자기 손을 더럽히는 일은 하지 않으려 했습니다. 그래서 선택한 방법이 모든 것을 시장에 맡기는 것이었습니다. 일종의 책임 회피죠. 어떤 학교부터 사라져야 할지에 대해 문부과학성은 아무 말도 하지 않았습니다. 그것을 선택하는 것은 시장이라고 말이지요. 이 경우 시장은 대학 지원자인 고등학생들과 학부모가 입구, 인풋에 해당하고 그 학생들이 졸업하고 나서 채용하는 기업이 출구, 아웃풋에 해당합니다. 이 지원자와 보호자, 채용하는 기업 들이 전부 학교에게 있어 시장이 된 겁니다.

18세 인구의 감소가 시작되기 1년 전인 1991년, '대학설치기준의 대강화大綱化', 쉽게 말해 대학의 커리큘럼을 각 대학별로 자유롭게 만들 수 있도록 허용하는 법률이 시행됐습니다. 각 대학들에게 하고 싶은 대로 시장에 어필하라고, 그렇게 해서 지원자를 확보한 대학은 살아남고, 그러지 못한 대학은 시장에서 도태되면 그것이야말로 아주 공정한 게임이 아니냐고 했습니다. 각 대학에서 자신들이 원하는 대로 학부를 구성하고 자신들이 선호하는 교육방법을 실천하면 시장이 알아서 좋은 대학과 나쁜 대학을 선택할 것이고, 그 과정에서 좋은 대학만이 살아남을 거라고요.

처음에 저는 이 이야기를 듣고 좋은 방법이라 생각했습니다. 아무 궁리도 않고 예전부터 시행해온 인습적인 교육만을 계속하는 학교는 사라지고, 대신 새롭고 창의적인 고안을 하는 혁신적인 학교가 살아남는다면 그만큼 좋은 일은 없을 거라 생각했습니다. 그 시기에 저는 1990년대에 고베여학원대학에 근무하면서 어떻게 대학을 개혁하며 어떻게 매력적인 교육방법을 만들 것인지에 관해 여러 형태로 발언하고 실천해나갔습니다. 그런데 시장에서는 뜻밖의 반응이 나왔습니다. 어떤 대학이 좋은 대학인지 모르겠다고 한 겁니다. 모두가 저마다의 교육이념, 교육방법에 근거해 교육을 실천하여 대학이 다종다양해졌습니다만, 어느 대학이 좋은 대학인지 알 수가 없다는 것입니다.

듣고 보면 확실히 맞는 말이기는 합니다. 일본에 있는 수백 개의 대학이 저마다 자유롭게 교육활동을 하는 경우 일반적인 고등학생이나 그 부모가 어떤 대학이 좋은 대학인지, 어떤 대학에 보내면 우리 아이가 성장할 수 있을지 자력으로 판단하기란 지극히 어려운 일입니다. 그래서 시장에서 나온 요구가 랭킹입니다. 각 대학이 자유롭게 커리큘럼을 짜는 것도, 학부 편성을 하는 것도 좋지만, 어느 대학이 좋고 어느 대학이 나쁜지 알 수 있도록 순위를 매겨 보여달라는 것이었습니다.

일본어에 '가난하면 머리가 나빠진다(貧すれば鈍する)'라는 속담이 있습니다. 사람은 궁핍해질수록 어리석은 판단을 하게 된다는 뜻입니다. 자원이 줄어들면 그 분배를 두고 다툼과 경쟁이 시작됩니다. 일본의 교육계 또한 한정된 교육자원을 효과적으로 분배하기 위해 등급 매기기를 시작했습니다. 선택과 집중을 위해서는 정확한 순위가 필요하다는 시장과 문부과학성의 요청에 응했던 거죠. 대학은 딜레마에 빠질 수밖에 없었습니다. 원하는 교육방법을 채택하되, 시장

이 알기 쉬운 학교 순위도 같이 제시하라는 모순된 요청을 받은 셈이니까요. 대학에서 보여줄 수 있는 수치라는 것은 한정되어 있습니다. 입학생들의 편차치, 한국식으로 말하면 입학한 학생들의 수능점수 평균이라든지 졸업생들의 취업률, 어떤 기업에 많이 들어갔는지, 졸업 때 토익 점수가 몇 점인지, 그런 수치를 제시함으로써 그 대학이 어느 정도 레벨인가를 확인시켜주게 되었습니다. 여기서도 등급 매기기, 랭킹 매기기가 우선시된 겁니다. 일본에 있는 750개 대학 전부에 랭킹을 매겨서 1위부터 750위까지 어떻게 차이가 나는지 알려달라는 요구가 시장에서 나온 건데 등급을 받으려면 다른 학교들과 똑같이 해야 합니다. 자기들만 실천하는 독특한 교육을 하는 학교는 비교 평가가 불가능하니까요. 교사들이 아무리 훌륭한 교육을 한다고 자신해도 점수는 0점이 되죠. 정밀하고 객관적인 등급 매기기를 위해 경쟁하는 모든 학교가 똑같이 교육해야만 하는 상황이 벌어진 것입니다.

당시 정부에서 시행했던 'Good Practice'라는 정책이 지금도 선명하게 기억납니다. 대학별로 효과적인 실천 사례를

154

제출받아 그중 우수 사례를 뽑아 공개하고, 모방시키는 정책이었습니다. 결과적으로 대학의 자유재량권이 인정된 이후 오히려 서로를 모방하며 점점 획일화된 것입니다. 나라가 쇠퇴하는 시기일수록 다양성을 허용해서 국력을 높여야 하는데, 실제로는 그렇게 되지 않는다는 사실을 깨달은 순간이었습니다.

등급 매기기와 다양성은 양립할 수 없습니다. 정밀한 등급 매기기는 균일화를 요구하니까요. 제 전공인 프랑스 문학을 봐도 마찬가지입니다. 제가 현역일 당시, 일본에는 2000여 명의 불문학자가 있었습니다. 불문학의 연구 분야는 굉장히 넓습니다. 프랑스 문학 전체니까요. 중세, 근세, 근대, 현대까지 1000년 이상의 연구 축적이 있을 뿐만 아니라 분야도 소설, 시, 희곡, 역사, 철학 등 엄청나게 다양합니다. 저는 2000명의 불문학자가 각자 다른 내용으로 연구하고, 그 실적을 공유하는 것이 지적 생산성을 높이는 가장 좋은 방법이라고 생각했습니다. 학문적 의미에서는 아무도 하지 않은 연구의 지적 공헌도가 가장 높다고 생각합니다. 아무도 모르는 것을 가져와서 '여러분, 이런 게 있는데 아주 재미있으니 꼭 한번 읽어보세요'하는 식으로, 프랑스어를 못하는 일반인들에게 자기 연구 성과의 혜택을 제공하는 거죠. 이런 과정을 각자 자신의 분야에서 실천한다면 일본 전체의 문화적 재산이 불어날 것입니다. 당시 저는 에마뉘엘 레비나스Emmanuel Levinas라는 프랑스 철학자를 연구하고 있었습니다. 학회에 참가할 일이 생겨서 지도교수에게 "제가 이번에 학회에 참석해 레비나스에 관해 발표할 예정입니다"라고 말씀드렸습니다. 그랬더니 지도교수는 레비나스는 아무도 모르니 그만두라고 했습니다. 아무도 모르기 때문에 발표하는 거라고 말씀드렸더니 이렇게 말씀하셨습니다.

"아무도 모르는 걸 하면 평가를 못 받는다."

지도교수님은 개인적으로는 제 논문이 참 재미있다고 하셨습니다. 하지만 레비나스에 관한 다른 논문을 읽어본 적이 없어서 제 논문이 어느 정도 수준인지 평가가 불가능하다고 하셨습니다. 이 논문이 레비나스 연구라면 누구나 아는 이야기를 반복하는 것일 수도, 그렇지 않을 수도 있겠지만, 어쨌든 일본에는 레비나스 연구자가 없으므로 평가는 0점이라는 것입니다. 젊은 연구자는 전임교수가 되기 위해서 열심히 논문을 쓰는데요, 교수 자리를 얻는 데 중요한 것은 쓰고 있는 논문이 재미있냐 아니냐가 아니라 '훌륭하다'라는 평가를 얻는 것입니다. 여기서 훌륭하다는 것은 평가 가능한 훌륭함을 말합니다. 재미있는지, 지적 흥분을 일으키는지, 지적 생산성이 있는지가 아닙니다. 단지 객관적 평가에서 몇 점을 받느냐가 중요하다는 겁니다. 그래서 지도교수님이 이렇게 말씀하신 거겠죠.

"우치다, 다른 사람들이 하는 것을 해라. 모두가 하는 것을 하면 네 논문이 어느 정도 레벨인지 객관적인 평가를 받을 수 있다."

정말이지 말씀하신 그대로였습니다. 이런 객관적인 평가와 등급 매기기 때문에 1990년대에서 2000년대에 걸쳐 젊은 연구자들의 연구 분야는 점점 좁아졌습니다. 학회에 참석해 연구 발표를 들어보면 거의 모든 사람이 19세기만 연구하고 있었습니다. 그것도 플로베르Gustave Flauvert와 프루스트Marcell Proust, 말라르메Stephane Mallarmé에 대한 연구 뿐이지요. 일본의 젊은 불문학자들이 이들만 연구한다는 느낌이었습니다. 그렇게 된 이유는 간단합니다. 플로베르와 프루스트, 말라르메에 관한 세계 최고 수준의 연구자들이 일본에 있었기 때문입니다. 그러니 이 분야에 대해 연구하면 지극히 정확한 평가를 받을 수 있었던 거죠. 그렇다 보니 젊고 재능 있는 연구자들은 보다 정확하게 평가받기 위해 가능한 모두와 같은 연구방법, 똑같은 연구대상으로 연구하고 미세한 우열 가리기에 온 힘을 쏟아붓게 되었습니다. 그들의 논문 쓰기는 정말로 사소한 부분을 가지고 우열을 따지는 것을 목표로 하는, 그 이상도 이하도 아닌 것이 되고 말았습니다. 일반인 독자는 고사하고 같은 불문학자도 이해하기 힘든, 지나치게 현학적인 것뿐이었죠. 프랑스어를 모르는 일반인 독자들에게 한번 읽어보라고, '이건 알고 있는 게 좋을 거예요'라며 말을 거는 연구는 완전히 사라졌습니다.

그 결과 무슨 일이 일어났는지는 여러분도 상상이 가실 겁니다. 일본에 프랑스 문학을 연구하고 싶어 하는 중고등학

158

생이 한 명도 없게 됐습니다. 아무도 불문학과에 진학하지 않았고, 얼마 후 대부분의 일본 대학에서 불문학과가 사라졌습니다. 집단 내부의 미세한 경쟁에 몰두하는 동안 '무엇을 위해 연구하는가?'라는 근본적인 물음을 잊어버린 탓입니다. 만약 2000명의 불문학자들에게 진정한 역할이 있었다면 모두가 각자 다른 대상, 방식, 접근법으로 연구가 업이 아닌 주위 사람들에게 자신의 연구 내용을 전하는 일이었을 것이라고 생각합니다. 2000명이나 있었으니 한 사람이 '저는 레비나스를 연구하겠습니다' 하면 다른 사람들은 앞서 말한 프루스트든 플로베르, 말라르메라도 좋고, 그 외에도 사르트르Jean Faul Sartre, 레비스트로스Cloude Levi Strauss 등 각자 흥미 있는 분야를 서로 분담해서 연구하고 그 성과의 혜택을 일반인들이 입도록 했다면 어땠을까요. 아마 많은 젊은이가 불문학에 관심을 가지고 불문학과에 진학했을 겁니다. 결과적으로 일본의 불문학 연구가 깊이나 넓이 면에서 풍부해지고 세계적인 발신력 또한 얻을 수 있었겠죠. 하지만 일본의 불문학계는 2000명이나 되는 전문가가 있었음에도

159

불구하고 집단 내부의 경쟁에만 매달렸고, 그러는 사이에 사회 전체를 향해 학술 정보를 발신한다는 본래 역할을 잊어버렸습니다.

앞서 말씀드린 등급 매기기와 다양성이 양립할 수 없다는 사실을 가장 알기 쉽게 보여주는 사례가 이 일본 불문학 연구의 소멸이라는 현상입니다. 예전에는 일본의 수십 개 대학에 불문학과가 있어서 수천, 수만 명의 학생이 불문학을 공부했지만, 지금은 불문학과가 없는 대학이 더 많습니다. 이게 약 30년 사이에 일어난 일입니다. 집단으로서 무언가 책임 있는 일을 하고 있다는 절실한 자각이 없으면 집단은 무너질 수밖에 없습니다.

## 무엇을 위한 글로벌화인가

1990년대의 일본은 대학 수를 줄여야 한다는 역사적 상황에 놓였고, 그때 택한 해결책이 정확하고 객관적인 순위를 정밀하게 책정해 각 대학의 등급을 시장에 제시한다는 방책이었습니다. 이때부터 단추를 잘못 끼운 것입니다. 본래 자원이 감소하는 상황일수록 리스크 회피를 위해 다양한 분야에 투자해야 합니다. 예상 외의 혁신, 진보는 어디서 일어날지 알 수 없기 때문입니다. 하지만 일본의 대학교육은 완전히 반대 방향을 취했고, 방금 이야기한 불문학과의 사례와 마찬가지로 정확한 등급 매기기를 위해서 모두가 가능한 한 똑같은 것을 하며, 범위가 지극히 제한된 능력의 우열을 가리기 시작했습니다.

그 결과 일본의 대학들은 교육과정을 자유롭게 짜도 좋다고 허가받았음에도 불구하고 서로의 커리큘럼을 계속 모방했고, 결국 개체 식별 불가능한 판박이가 되어버렸습니다. 이렇게 등급 매기기의 과열 상황에서 나온 것이 글로벌화라는 개념입니다. 만약 글로벌화가 대학의 연구 및 교육에 있어서 정말로 중요한 것이라면 '대학의 글로벌화'라는 것의 의미에 대해 대학 수만큼의 해석이 존재했을 것입니다. 예를 들어 전 세계 곳곳에 있는 사람들과 의사소통을 잘할 수 있는 것을 글로벌화라고 정의한다면, 외국어 이수 과정에 아라비아어라든지 중국어, 한국어, 히브리어나 터키어까지 여러 나라의 언어를 배울 기회가 제공됐을 겁니다. 자기와 종교가 다르고, 우주관이 다르고, 가치관도 생활 문화도 다른 사람들과 원활하게 커뮤니케이션하기 위한 상상력이나 오픈 마인드, 인내심 같은 능력을 습득하고자 하는 노력 또한 있었을 것입니다.

글로벌화에서 가장 중요한 것은 자신의 틀에 갇히지 않는 것입니다. 협소한 가치관에서 벗어나, 이해도 공감도 할수 없는 타자와 소통하고자 하는 마음가짐이 필요합니다. 하지만 이런 요소는 수치화할 수 없고, 애초에 남과 비교할수 있는 것도 아닙니다. 반면 일본의 대학에서 행한 글로벌화는 아주 단순했습니다. 외국에서 오는 유학생과 외국으로 보내는 파견 유학생 수나 해외 제휴교의 수, 영어 강의의 수, 원어민 교수의 수, 졸업할 때의 토익 점수……. 이것들은 전부 수치입니다. 몇 가지 단순한 지표를 수치로 제시하여 달성하고, 그것을 대학의 글로벌화 정도로서 시장에 내놓는 것이었습니다. 제가 들은 바로는 한국 대학도 상황이 비슷하다고 느꼈습니다. 한국인 교수가 한국 학생들을 대상으로 영어로 수업하는 걸 글로벌화라고 하고 있죠. 일본도 상당히 비슷한 상황입니다. 그런 의미에서 보면 일본도 글로벌화가 되고 있습니다. 그런 일을 해본들 무슨 의미가 있는지, 아이들의 지적 성숙에 어떤 이점을 주느냐에 대해 전혀 검증되지 않은 채로 교육의 글로벌화라는 것이 추진되고 있습니다. 그 글로벌화(?)의 성과가 일본인 해외 유학생 수의 격감으로 나타났습니다. 이전에는 미국 대학원의 박사 과정을 이수하는 아시아계 유학생으로는 일본인이 다수를 차지했습니다. 지금은 중국, 인도, 한국이 톱3입니다. 일본은 저 아래로 떨어졌습니다.

글로벌 교육을 진행하면 할수록 글로벌화된 사고를 가진 사람이 줄어들고 있습니다. 그렇게 글로벌화를 외치면서도 국제 사회에는 관심이 없고, 일본 내에서만 통하는 등급 매기기에만 연연하기 때문입니다. 잘 가르치는 대학이 있는 게 아니라 잘 가르친다는 걸 잘 증명하는 대학만 있는 거죠.

문부과학성의 홈페이지에는 '글로벌 인재 육성 전략'이란 것이 나와 있습니다. 앞으로 세계에서 활약할 글로벌 인

163

교사단의 관점에서 교육 낯설게 보기

재란 어떤 사람이냐에 대해 문부과학성 관료가 쓴 글인데, 일본어로 쓰여 있습니다. 만약 여기서 말하는 글로벌 인재가 정말로 국제 사회에서 활약하는 사람을 의미하고, '글로벌 인재 육성 전략'이 그런 사람을 키워내는 유효한 프로그램이라면 세계 각국의 언어로 온 세계에 발신해야 할 것이고, 그것을 읽은 다른 나라 사람들은 '이렇게 하면 글로벌 인재를 키울 수 있구나' 하고 배울 것입니다. 그러나 문부과학성은 국제 사회에 발신할 생각도 없을 뿐더러 설마 외국 사람들이 문부과학성의 글로벌 인재 육성 전략에 관심을 가질 거란 생각조차 못하고 있습니다. 당연한 것이, 이것들은 국제 사회와는 아무 관련 없이 일본에서의 등급 매기기만을 위해 행하고 있는 것이기 때문입니다.

글로벌화의 가장 큰 특징은 교육자원의 대부분을 영어 회화 교육에 집중시킨다는 점입니다. 왜 그런 오럴 커뮤니케이션oral communication 능력에 그렇게 큰 관심을 가지는가 하면, 능력이 어느 정도인지를 단번에 알 수 있어서입니다. 얼마나 발음이 좋은지, 억양intonation이 정확한지를 한눈에 간파할 수 있으니 점수 매기기가 쉬운 거죠. 어떤 사람의 견식이나 지식, 판단력의 정확성 등을 알아내려면 시간이 많이 걸립니다. 하지만 영어 발음이 좋은가 나쁜가는 1초면 알 수 있습니다. 네이티브 스피커인지, 귀국자녀(외국에서 부모와 생활하다가 일본으로 귀국하는 자녀)인지, 국내에서 영어를 공부한 사람인지 바로 보입니다. 이걸 말에 의한 차별Verbal Distinction이라고 합니다. 이건 피부색이나 머리색과 마찬가지로 어느 집단에 속하는지 단박에 알 수 있는 요소입니다.

〈My Fair Lady〉라는 영화가 있습니다. 많이들 보셨을 거라고 생각하는데, 원작인 버나드 쇼의 희곡《피그말리온 Pygmalion》과 도입부와 똑같습니다. 언어학 교수가 등장해서 주변 사람들이 입을 여는 순간 그 사람이 사는 곳, 태어난 곳, 직업, 학력까지 알아맞힙니다. 영국 영어에서 두드러지는 현상인데, 입을 연 순간 그 사람이 속한 계급이 드러납니다. 중류 계급과 노동 계급은 사용하는 언어가 완전히 다릅니다. 직업에 따라 다르고, 학력에 따라서도 달라집니다.

교사단의 관점에서 교육 낯설게 보기

이런 현상에 대해 영화에 나오는 히긴스 교수는 분노합니다. 좋지 못한 현상이라고, 모든 영국인은 똑같이 아름다운 영어를 사용해야 한다고 말입니다. 입을 연 순간 소속 계급이 드러나는 언어환경은 좋지 못하다고 당당히 주장합니다. 그래서 주인공인 일라이자에게 아름다운 영어를 가르치려고 하는 겁니다. 히긴스 교수가 목표로 한 것은 입을 여는 것만으로는 그 사람이 뭘 하는 사람인지 알 수 없는 언어환경이었습니다.

지금 일본이 나아가고 있는 것은 그 역방향입니다. 입을 연 순간 그 사람의 학력과 신분, 소속, 영어 말하기 능력을 파악할 수 있는 언어환경을 만들려고 하고 있습니다. 거의 병적인 수준입니다. 뭘 위해 그렇게 자잘한 구분을 짓고 차별하려는 걸까요? 실제 소통하는 상황을 생각해보면 필요 없는 일인데 말이죠. 발음 따윈 별 상관이 없습니다. 그런데도 발음을 기준으로 차별하려고 하는 것은 그것이 가장 차별화하기 쉬운 요소이기 때문입니다. 토익 시험은 아마 세상에서 가장 객관성 높은 등급 매기기 시스템일 겁니다. 몇백만 명의 수험생이 완전히 똑같은 능력을 두고 경쟁하니까요. 이런 등급 매기기의 만연은 우리 사회를 파멸로 이끄는 일종의 광기라고도 볼 수 있습니다.

한국도 비슷하지 않을까 생각합니다만, 일본에도 국제 어쩌고 학과라며 모든 수업을 영어로 진행하는 학교가 있습니다. 거기서 하는 일이란 네이티브, 귀국자녀, 국내 고등학교 졸업생으로 나뉘는 발음에 근거한 계층 구분 작업입니다. 실제로 모든 수업을 영어로 하는 대학의 교수님으로부터 이런 불평을 들은 적이 있습니다. 그분은 일본에서 중고등학교를 나와서 미국 대학에서 유학하다가 돌아오신 분입니다. 그 선생님이 영어로 수업하는데 원어민 학생이 손을 들고 "교수님 그 발음 틀렸는데요"라고 지적하면 옆에 있던 학생들이 "아, 그렇구나"라며 원어민 학생에게 동조하는 게 빤히 보인다고 합니다. 이 교실에서는 영어 발음에 의해 완전한 계층 구분이 이루어지고 있습니다. 지적 계층과 영어 발음이 동일시되는 겁니다. 비슷한 곳에서 일하는 제 친구도 똑같은 경험을 한 적이 있다고 합니다. 일본에는 '세미나'

167

제도가 있습니다. 학생이 지도교수 밑에서 학위논문을 쓰는 교육과정입니다. 한 학생이 어느 세미나에 들지 고르기 위해 교수를 방문했습니다. 그런데 영어로 잠시 이야기를 나누다가 "저는 교수님 세미나는 안 듣겠습니다" 했다는 겁니다. 발음이 나쁘기 때문이라는 겁니다. 그 교수님은, 성함은 말씀드리기 어렵지만, 일본을 대표하는 비평가이자 최고의 지성으로 꼽히는 분입니다. 그 교수님과 가까이 지내며 세미나에서 배움을 얻는다는 것은 정말 큰 특권이고 혜택받는 일인데 그 학생은 교수님의 이름조차 모른 채 발음이 안 좋다는 이유로 그 교수님으로부터 가르침을 받을 수 있는 기회를 스스로 걷어찬 겁니다. 이처럼 왜곡된 글로벌화에 의해 일본의 대학에서는 오랄 커뮤니케이션 능력에 근거해 학생이나 교수들에게 등급을 매기는 지극히 값싸고 단순한, 알맹이는 전혀 없는 등급 매기기가 만연해졌습니다.

## 일본의 실패를 보라

사실 자기들 마음대로 등급 매기기를 하는 건 괜찮습니다.

그 결과로 일본 대학의 학문적 연구 능력, 국제 사회를 향한 학술적 발신력이 극도로 저하된 것이 문제죠. 작년 10월, 미국의 외교전문지 《Foreign Affairs》에 '일본 대학교육의 실패'라는 장문의 기사가 게재되었습니다. 이 기사에서는 지난 25년간 일본에서 시행된 교육행정의 실패 증거가 제시돼 있었습니다. 교육행정을 담당하는 일본 관료들의 특징은 자신의 실패를 인정하지 않는 것입니다. 프로젝트가 실패하면 얼른 잊고 다음으로, 그것마저 실패하면 또 다음으로 넘어가며 실패한 이유의 검증 작업은 하지 않습니다. 그 결과 동아시아 최고 수준이었던 일본의 고등교육은 중국, 타이완, 한국에 모두 뒤쳐져 선진국 최하위로 전락했습니다.

각 나라의 연구력, 학술적 발신력을 평가할 수 있는 가장 확실한 지표는 인구당 논문 수입니다. 이전 일본의 인구당 논문 수는 동아시아 최고였습니다. 그런데 2015년의 통계로는 OECD 37위, 선진국 최하위로 떨어졌습니다. 또 자주 비교되는 지표가 GDP 중 교육투자 비율, 교육계의 공적 지출 비용입니다. 여기서도 일본은 연속해서 선진국 최하위에 머물고 있습니다. 5년 연속 최하위입니다. 작년에 한 등수 올라서 최하위가 헝가리였는데 이번에 다시 일본이 최하위가 됐습니다. 나라가 고등교육에 투자할 생각을 하지 않기 때문입니다. 《Foreign Affairs》의 기사에서는 이런 수치를 나열하며 일본의 학교교육, 고등교육이 이 정도로 추락한 이유로 여러 의견을 제시했습니다.

그중 가장 큰 이유로 꼽은 것이 비평적 사고Critical Thinking의 결여였습니다. 비평적 사고란 세상을 비평적으로 보고 생각하며 주어진 명령이나 지시가 불합리하고 생각하면 '아니'라고 말할 수 있는 능력입니다. 그런데 일본의 대학은 '예스맨'만 키워낸다는 거죠. 두 번째가 이노베이션 Innovation, 혁신이 없다는 것입니다. 혁신이란 남들이 하지 않는 일을 하는 것입니다. 아무도 관심 갖지 않는 부분에 흥미를 갖는 지적 태도가 혁신을 만들어냅니다. 그런데 일본의 대학은 창의적 고안도 전통적인 기술들을 깨부술 힘도 없이 하나의 분야에서 경쟁할 것을 요구하고 있다는 거죠. 세 번째는 아이러니하게도 글로벌 마인드Global Mindedness가 없다는 것입니다. 여기서 글로벌 마인드란 것은 전 세계 다양한 사람들과 커뮤니케이션해서 공동으로 작업하고 일할 수 있는 능력을 말합니다.

《Foreign Affairs》는 일본의 학교교육이 이 세 가지가 결여된 채 정치 안정성, 사회 안정성을 위해서만 기능하고 있다고 지적합니다. 윗사람 말에 무조건 따르고 비판적으로 세상을 보지 않으며 아무것도 발명하지 않고 자기들끼리만 모여서 굳어지는, 그런 인간들을 만들고 있다는 겁니다. 그래서 일본 고등교육기관의 학술적 발신력, 연구력이 선진국 최하위까지 떨어졌다는 거죠. 정말 단기간에 일어난 일입니다. 앞서 말씀드린 1990년대의 대학설치기준 대강화에 의해 대학들에게 자유선택권이 주어지기는 했지만 등급을 매기지 않으면 안 된다는 이유로 모든 대학이 서로 모방하고, 비슷한 연구에, 교육내용을 채택해 정밀한 등급 매기기를 반복한 결과 일어난 일입니다.

올 3월에는 영국의 자연과학잡지《Nature》에 〈일본 자연과학 연구의 종말〉이라는 논문이 실렸습니다. 이 논문 역시 다른 선진국의 논문 수가 증가하는 가운데 일본만 감소세를 보이는 이상 사태를 지적하며 이대로 가면 일본의 자연과학 연구는 곧 종말을 맞을 거라고 경종을 울렸습니다.

제 지인 중에도 자연과학 연구에 종사하는 사람들이 있는데, 하나같이 전망이 비관적이라고 말합니다. 제 친한 친구인 한 의학자는 일본의 자연과학 연구가 10년 안에 끝장날 것이라고 주장하기도 했습니다. 그의 말에 따르면 자연과학 연구는 기세를 타고 이루어지는 것이며 관성이 작용하는 동안 앞으로 나아가기는 하지만 마치 자전거처럼 느려질수록 페달을 밟기 힘들어지고 한 번 멈추면 다시 움직이는 데 엄청나게 큰 힘이 든다고 합니다. 일본의 자연과학 연구는 이른바 자전거가 점점 느려지는 상태로, 친구 말대로 10년 안에 완전히 멈출지도 모릅니다. 그때의 일본에는 이를 재가동할 만한 힘이 없을 것입니다.

미국의 외교전문잡지와 영국의 자연과학저널이 5개월 간격으로 나란히 일본의 고등교육이 파멸 상태라는 내용의 기사를 실었습니다. 해외에서 볼 때 충격적인 사태가 일어나고 있다는 거죠. 한 나라의 학술적 능력이란 것이 이렇게 한 순간에 몰락할 수 있는 것이냐고 이야기하는 겁니다. 일본의 대학에 있었던 사람으로서 저 또한 그게 사실이라고 말할 수밖에 없습니다.

저는 대학 교단에서 일본 대학의 학술적 생산력이 굉장히 높았던 시절과 완전히 사라진 시대를 모두 경험했습니다. 양쪽을 본 사람으로서 확실하게 말씀드릴 수 있는 것은, 등급 매기기에 몰두하는 일은 집단이 가진 힘을 저하시키는 최고의 방법이라는 점입니다. 등급 매기기는 객관성과 정밀도를 요구합니다. 반면에 다양성은 부정됩니다. 모든 경쟁 상대가 똑같은 조건으로 출발해야 하기 때문이죠. 결과적으로 비평적인 사고도, 혁신적인 발상도, 자신과 생각이 다른 사람들과 커뮤니케이션하는 능력도 사라지게 됩니다.

## 무엇을 위한 평가인가

일본의 학교교육이 원래 획일적인 경향을 보이기는 했지만, 이렇게까지 극단적으로 몰린 것은 근 15년 정도에 일어난 일입니다. 교육 이외의 분야나 다른 나라, 특히 한국에서 뚜렷하게 나타날 거라 생각하는 현상이 있는데요, 젊은 사람들 쪽에서 정밀한 등급 매기기를 요구하는 겁니다.

일본에서는 지방에 사는 젊은 사람들이 도쿄로 몰려듭니다. 한국의 경우는 서울이겠죠. 도쿄는 공기도 안 좋고 물가도 높으며 고용환경조차 결코 좋다고 할 수 없습니다. 그런데도 젊은 사람들은 도쿄로 몰려듭니다. 모두 그렇게 하기 때문입니다. 경쟁 상대가 많으면 많을수록 평가의 정밀도가 높아지기 때문입니다.

시골 마을에서 '너는 센스가 탁월하다'라는 소리를 들어도 납득하지 못합니다. 뮤지션이나 배우, 패션 디자이너가 되고 싶은 수많은 사람이 격렬한 경쟁을 반복하는 환경에 스스로 뛰어듭니다. 남들이 하지 않는 일이 아닌 모두가 하는 일이 젊은이를 끌어들이는 겁니다. 보통 무슨 일을 하고 싶냐고 물으면 '모처럼 태어난 인생이니 나만이 할 수 있는 일을 하고 싶다'라고 할 법도 한데, 실제로 그렇게 생각하는 젊은이는 드뭅니다. 다들 남들이 하는 일을 하고 싶어 합니다. 경쟁 상대가 많은 곳에 들어가고 싶어 합니다. 그러면 정밀하고 객관적인 평가를 받을 수 있으니까요. 신기하게도 등급이 낮아도 그렇습니다. 그들이 원하는 것은 '높은 평가'가 아니라 '정확한 평가'인 겁니다. 본인이 동세대에서 어느 정도 위치에 있는지, 어떤 사회적 지위를 요구할 수 있을지, 얼마의 수입을 기대할 수 있고, 어느 정도 수준의 배우자를 얻을 수 있는지 최대한 정확하게 알고 싶어 하죠.

지금의 일본에서는 '가난한 사람은 가난한 사람답게 행동해라'라는 사회적 압력이 존재합니다. 사실 부모가 가난하고 말고는 아이의 개성과는 아무 관계가 없습니다. 어느 싱글맘에게 들은 이야기인데요, 아이가 학교에서 주변으로부터 받는 압력 때문에 늘 어두운 표정을 짓는다고 했습니다. 아이 본인의 개성은 그게 아닌데 말이죠. 가난한 집 아이는 가난뱅이답게 어두운 표정을 지으라는 사회적 압력이 굉장히 강한 겁니다. 빈곤층이 쾌활한 성격이나 오픈 마인드를 갖는 것을 주변에서 용납하지 않는 것이지요. 이처럼 오늘날의 일본인들은 사회적 지위에 대한 정밀한 등급 매기기를 요구하고, 자신의 지위에서 무엇을 요구할 수 있는지를 빨리 알고 싶어 합니다.

저는 일본이 가난하던 시기에 태어나고 자랐습니다. 당연히 지금보다 훨씬 가난한 사람을 수없이 봐왔습니다. 그런데도 아이들은 각자 개성이 있었고, 집이 가난하니까 음울하다거나 위축된다거나 하는 일은 없었습니다. 1950년대의 아이들, 청년들 중에는 자신의 정확한 사회적 위치라든지 요구할 수 있는 지위, 가져도 될 야심, 기대할 수 있는 수입에 대해 빨리 알고 싶어 하는 사람은 없었습니다.

지금의 일본은 그때보다 훨씬 윤택합니다. 그런데도 요즘 아이들은 자신의 사회적 지위, 추구할 수 있는 삶의 방식에 대해 훨씬 좁은 가능성밖에 생각하지 못합니다. 나라가 쇠퇴하고 경제력이 약해진다고 해서 이런 일이 일어날 것이라고는 21세기가 되기 전까지만 해도 예상하지 못했습니다. 인구가 감소하거나 경제 성장이 멈춰 정체되는 상황이 반드시 오리라는 것은 예상했습니다만, 실제로 일어난 사회 변화는 제 상상을 아득히 뛰어넘는 것이었습니다. 한정된 자원을 분배하기 위해 객관적이고 정밀한 등급 매기기를 요구하고, 이를 위해 모두 똑같은 일을 하는 사회가 출현한 겁니다.

결국 일본의 문제는 인구 감소라든지 경제 성장의 침체와 같은 역사적 과정 속에서 어떻게 국력을 다시 높일지를 고민하는 방향이 아닌 등급 매기기와 차별, 균일화의 길로 달렸다는 점에 있습니다. 지금의 일본은 인구 감소 문제에서든 성장의 정체에 있어서든 세계에서 가장 심각한 상태라고 생각합니다. 세계에서 가장 빨리 초고령화 사회에 진입했으니 말이죠. 당연히 경제 성장도 더이상은 없습니다. 몇 년 후면 한국이나 중국에서도 똑같은 현상이 일어날 것입니다. 그때면 아마 한국에서도 마찬가지로 한정된 자원을 어떻게 공평하게 분배하느냐를 놓고 '정밀한 등급 매기기를 하자'는 주장이 반드시 나올 것입니다. 그리고 가장 비용이 적게 드는 식별 지표로 영어 회화 능력에 의한 차별화를 채택할 것입니다.

영어 회화 능력을 중시하는 것은 그게 유용한 능력이라서가 아니라 간단히 차별화할 수 있는 지표이기 때문입니다.

등급 매기기라는 것은 하나의 병폐입니다. 등급 매기기에 몰두하다 보면 사회의 활력이 점점 떨어집니다. 안 그래도 인구가 감소하고 경제가 정체되는 상황에서 한층 국력을 저하시키는 그런 해결책을 택해서는 결코 안 됩니다. 일본의 실패 사례를 통해 여러분께 전하고 싶은 게 바로 이 부분입니다. 저출산화, 고령화, 경제 침체……. 그런 상황 속에서 호흡하기 편한 사회를 유지하고 유쾌하게 살고자 한다면 가능한 다양한 삶의 방식을 허용해야 합니다. 경쟁해서는 안 됩니다.

오늘 여기 계신 분들은 대부분 교사이실 텐데, 절대로 학교를 경쟁의 장소로 삼으면 안 된다고 말씀드리고 싶습니다. 학교는 경쟁과 선별, 등급 매기기를 위한 장소가 아닙니다. 학교는 아이들의 시민적 성숙을 지원하기 위한 장소입니다. 하물며 인구가 감소하고 고령화되며 경제가 침체되는 상황이라면 더욱, 아이들을 액티브하게 길러야 합니다. 좀더 활발하고 혁신적인 아이들을 키우기 위해서는 다양성을 인정하는 것만큼 좋은 방법이 없다고 생각합니다. 아이들마다의 남다른 가능성이나 재능을 찾아내어 지원해야 합니다.
일본의 사례에서 배울 점은 국력의 쇠퇴라는 상황에서 가장
먼저 억압되는 부분이 다양성이라는 사실입니다. 이를 방치
하면 나라의 힘은 한층 더 떨어지게 됩니다.

## 교사는 개인이 아니라 집단으로 존재한다

교사단의 시점에 관해 이야기하려다가 말이 길어지고 있는
데, 지금까지 이야기한 것은 일본의 연구력 저하에 대한 원
인 분석이었습니다. 일본의 대학이 이렇게까지 퇴락한 이유
는 연구자 집단이 전체로서 어떤 퍼포먼스를 보여야 하는
지, 어떻게 서로를 지원하고 자극할지 생각하지 않은 채 개
개인의 우열을 가리려 했기 때문입니다. 저는 교육도 똑같다
고 생각합니다. 제가 처음에 교육력이란 것을 교사 개개인의
능력으로 보고 거기에 등급을 매겨 당근과 채찍을 주는 시
스템이 크게 잘못되었다고 말한 것도 마찬가지 이유에서입
니다. 교사를 개인의 능력으로 보아서는 안됩니다. 비교할
수 있는 것이 아니기 때문입니다. 교육력은 얼마나 다양한

개성이나 경향, 능력, 특기를 가진 교원들이 집단을 이루는가에 의해 결정됩니다.

교사는 개인이 아니라 팀으로 교육하는 존재입니다. 〈나바론의 요새The Guns of Navarone〉라든가 〈황야의 7인The Magnificient Seven〉 같은, 굉장히 어려운 미션을 달성하기 위해 다양한 특기를 가진 사람들이 모여 팀을 만드는 이야기가 많습니다. 7인 정도로 팀을 만든다고 치면, 톰 크루즈가 나오는 영화 〈미션 임파서블Mission Impossible〉도 그렇습니다만, 멤버들의 특기가 각자 다릅니다. 리더십을 가진 사람도 있고, 외국어 달인, 변장의 달인, 폭파의 달인, 격투기의 달인, 컴퓨터의 달인까지……. 완전히 다른 능력을 가진 사람들끼리 팀을 구성합니다. 만약 이런 팀이 모두 같은 능력에 약간의 우열만 있는 사람들로 이루어져 있었다면, 제대로 기능했을까요? 집단의 강함은 멤버 개개인이 자신 이외에는 할 수 없는 일을 할 때 발휘됩니다. 예를 들어 〈미션 임파서블〉에는 외국어의 달인과 변장의 달인, 컴퓨터의 달인, 격투기의 달인이 나오는데, 이 사람들을 두고 누가 더 뛰어난지 비교할 수는 없습니다. 각자의 특기를 갖고 있기 때문입니다. 이런 집단에서는 등급을 매긴다거나 우열을 가리는 일이 일어날 수가 없는 겁니다.

교사단이란 영어의 'faculty'라는 단어에 대응합니다. 단순한 의미로 보면 지금, 동시기에 교육에 종사하는 선생님들을 말합니다. 그 멤버들의 방법과 이념이 서로 달라도, 교육을 통해 달성하고자 하는 목표조차 달라도 좋다고 저는 생각합니다. 왜냐하면 교사단의 역할은 결국 하나밖에 없기 때문입니다. 그 역할이란 바로 집단의 차세대를 성숙으로 이끄는 것입니다.

아이들은 갈등을 통해서만 성장할 수 있습니다. 어른들이 다양한 말을 하고, 다양한 요구를 하는 상황에서 '말이 다 다르잖아?' 하며 갈등해야 합니다. 어머니와 아버지의 이야기가 다르고, 교사의 이야기가 또 다르고, 다른 선생님은 또 다른 이야기를 하고. 책을 읽으면 또다시 다른 이야기가 쓰여 있고⋯⋯. 자기가 살아가는 길에 유일한 로드맵 같은 건 없습니다. 아이들은 어른들로부터 서로 다른, 서로 모순

181

되는 다양한 메시지를 샤워하듯이 받아내면서 성장할 수밖에 없는 존재입니다. 그러니 학교의 가장 중요한 역할은 아이들의 내면에 갈등을 일으켜주는 것입니다. 모든 교사가 같은 교육이념을 가지고 같은 교육방법을 취하며, 아이들을 평가하는 잣대조차 전부 통일된 학교가 교육 기능을 수행할 수 있을까요? 가능한 다양한 교사가 되도록 다양한 시선으로 아이들의 각각 다른 면을 보는 것이 중요합니다.

아무리 교육역량이 높은 교사라도 모든 아이를 볼 수는 없습니다. 사람에겐 저마다의 주파수가 있으므로 주파수 잘 맞는 아이도, 전혀 맞지 않는 아이도 있을 수 있겠죠. 거기에 불만을 느낄 필요는 없다고 생각합니다. 파장이 맞지 않는 아이는 다른 주파수를 가진 선생님들이 보면 됩니다. 여러 선생님이 각자 다른 시선으로 아이의 다양한 면모를 보는 겁니다. 이 선생님이 평가하는 부분과 저 선생님이 평가하는 부분이 다르고, 저 선생님이 비판하는 부분과 이 선생님이 비판하는 부분이 다른 상황. 이게 아이들에게는 숨쉴 여지를 제공해줍니다. 다양한 가치관에 노출될 수 있는,

하나의 가치관에 집약될 필요가 없는 환경에서 아이들은 안심하고 숨 쉴 수 있습니다.

가정에서도 마찬가지입니다. 어머니와 아버지의 양육 전략이 다른 상황, 어떤 학교에 가서 어떤 전공을 선택하느냐에 대해 어머니와 아버지가 서로 다르게 말하는 편이 아이에겐 도움이 된다는 겁니다. 부모의 양육 전략이 완전히 일치하는 가정은 아이의 입장에서 보면 지옥입니다. 그 외의 선택지가 허용되지 않기 때문입니다. 부모의 생각이 일치하지 않아야 아이가 숨 쉴 틈이 생깁니다. 교사도 그렇습니다. 다양한 교사가 있어서 다양한 이야기를 하는 상황에서 아이들은 한숨 돌릴 수 있습니다.

저는 제가 꽤 교육력이 뛰어난 교사라고 생각합니다. 그럼에도 90명의 학생 앞에서 수업을 한다면 제 이야기를 정말로 잘 듣는 학생들은 열두세 명일 겁니다. 전 그걸로 충분하다고 생각합니다. 100명의 학생이 내 수업을 들으면서 한 명도 빠짐없이 눈을 반짝반짝 빛내는 상황을 바라서는 안 됩니다. 앞쪽에 앉은 열 명, 스무 명 정도만 들으면 충분하니다. 다른 아이들은 다른 선생님이 맡아주시면 되는 겁니다. 지금 말씀드린 '다른 선생님'이란 말은 지금 같은 학기, 같은 학교에 근무하는 선생님에 한정되지 않습니다. 과거에 그 아이를 가르쳤던 선생님들, 앞으로 이 아이를 가르칠 선생님들이 모두 함께 그 아이를 가르치는 교사단을 구성합니다. 아이마다 자신만의 교사단이 있는 것입니다. 유치원 선생님의 한마디 말씀에 인생이 결정되었다는 아이도 있고, 박사 과정 끝에 접한 이야기가 인생을 바꾸는 경우도 있습니다. 아이들이 언제, 어떤 형태로 커다란 교육적 경험을 할지는 누구도 예측할 수 없습니다. 그러니 교사들은 결코 초조해할 필요도, 불만을 가질 필요도 없습니다. 자기가 할 수 있는 만큼만 하면 됩니다. 가르칠 수 있는 것을 가르치고, 할 수 없는 것들은 교사단의 다른 멤버들에게 맡기는 거죠. 경우에 따라서는 이 아이를 가르쳤던 과거의 선생님이나 앞으로 만날 선생님에게 맡길 수도 있습니다. 한 명의 교사가 한 명의 아이와 맨투맨으로 마주보는 상황에서 교육이 일어난다고 생각해서는 안 됩니다. 교육은 집단적인 사업입니다.

교사들이 괴로워하는 가장 큰 이유는 혼자서 교육하고 있다는 생각에 갇혀 있기 때문입니다. 좀더 동료들을 믿어도 좋다고 생각합니다. 서로 알고 지내는 동료도 있겠지만, 자신과 같은 교사단을 구성하는 동료들은 얼굴도 모르는 사람들이 더 많습니다. 과거에 그 아이를 가르친 선생님, 미래에 그 아이를 가르칠 선생님 등 모르는 선생님들과 같은 교사단을 형성하는 겁니다.

## 교육의 수혜자는 학생 개인이 아니라 사회 전체다

교육의 주체는 단수가 아닌 복수입니다. 교육이라는 사업의 가장 큰 목적이 집단 존속이기 때문입니다. 우리가 속한 집단, 공동체를 짊어질 다음 세대, 앞으로 집단을 짊어질 젊은이들의 성숙을 지원하는 일은 공동체 전체의 역할입니다. 젊은이들이 훌륭하게 성장해주지 않으면 곤란해지는 것은 다름 아닌 우리들 자신입니다. 교육사업을 통해서 이익을 보는 사람은 특정 개인이 아니라 사회 전체입니다. 많은 사람이 착각하는 것 중 하나가 교육을 받는 당사자가 교육의 수

교사들이 괴로워하는 가장 큰 이유는
혼자서 교육하고 있다는 생각에
갇혀 있기 때문입니다.
좀 더 동료들을 믿어도 좋다고 생각합니다.

세 번째 이야기 2016-2017

혜자라는 생각입니다. 학교에 가서 교육을 받고, 지식이나 기능, 정보, 졸업증, 자격증을 받아서 자신의 이익을 최대화하는 것이 교육의 목표라고 생각하는 것입니다. 그래서 많은 사람이 학교교육이란, 교육받는 당사자의 이익을 증대시키기 위한 것이라고 생각합니다. 하지만 그럴 리가 없지 않습니까. 아이들이 지식과 경험을 쌓아 사회적, 시민적으로 성숙함으로써 견실한 성인이 되어야만 비로소 그 공동체가 존속할 수 있게 되는 것이니, 교육의 진짜 수혜자는 사회 전체입니다.

원래 공교육이란 것은 아주 오래된 개념입니다. 사실 공교육이란 단어 자체가 동어반복이지요. 공적이지 않은 교육은 있을 수가 없기 때문입니다. 교육이란 것이 자기 이익의 증대를 목표로 한다는 사고방식이 대두된 것은 극히 최근의 일입니다. 미국에서 처음으로 공교육이 도입될 때 많은 반대가 있었습니다. 공교육 반대론자들한테서 '세금도 안 내는 가난한 아이들을 가르치는 데에 왜 내가 내는 세금을 써야 되냐'는 식의 이야기가 나왔겠죠. 나는 열심히 일하고 피땀

흘려 돈을 모아 우리 아이를 학교에 보내는데, 왜 내가 낸 세금으로 남의 아이를 가르치냐는 겁니다. 자기가 번 돈으로 우리 아이만 교육을 시키겠다는 겁니다. 그러니 공교육에 반대하는 거죠. 나만큼 재능도 없고 노력도 하지 않은 사람이 가난해서 그 아이들도 가난한 건데, 왜 그런 아이들에게 자기 자녀와 같은 교육 기회를 주어야 하냐는 겁니다. 교육으로 다양한 지식이나 유용한 기술을 얻고 싶다면 직접 노동해서 번 돈으로 학교에 가라는 거죠. 지금도 이런 식으로 생각하는 사람은 많이 있다고 생각합니다. 그런데 만약 그때, 대다수의 납세자가 공교육에 대한 세금 투입에 반대했을 때 그대로 굴복했다면, 교육은 개인의 이익을 증대시키기 위한 것이니 학교에 다닐 돈은 직접 벌도록 했다면 현재 미국은 어떻게 되었을까요? 부잣집 아이들만 학교에 가고 가난한 아이들은 학교에 못 다니는 구조를 18세기 미국에서 채용했더라면, 지금의 미국은 존재할 수 없었을 것입니다. 대부분의 국민이 글자도 쓰지 못하고 산수도 못하는, 시민 상식도 없는 나라가 세계적인 강대국이 될 수 있을 리가 없습니다.

거듭 말하지만 공교육의 수혜자는 사회 전체입니다. 교육사업의 주체는 교사'들'이며 수혜자는 집단 전체입니다. 교사 혼자서 수업하는 것이 아니며, 교육의 성과를 개인이 독차지하는 것도 아닙니다. 복수의 사람들이 가르치고, 복수의 사람들이 혜택을 입어, 그 혜택을 다시 복수의 사람들에게 돌려주는 것. 교육이라는 것은 이렇게 집단으로 이루어지는 영위라는 것을 계속 반복해서 이야기해나가지 않으면 안 된다고 생각합니다.

지금의 학교교육이, 아마 한국도 일본도 마찬가지겠습니다만, 이처럼 막다른 골목에 다다른 이유 중 하나는 학교교육의 목표가 아이들을 능력이 높은 사람과 낮은 사람으로 나누기 위한 선별 작업이라고 생각하는 데 있습니다. 교단에 선 교사가 아이들에게 주는 것은 일종의 선물입니다. 사람들은 자기가 선물받았다는 사실을 알면 반드시 누군가에게 답례하고 싶다는 부채감을 느낍니다. 답례하지 않고 혼자만 누리면 안 좋은 일이 일어날 것 같으니 '누군가에게 돌려주자' 생각합니다. 자기가 받은 교육이 있고, 그로부터 얻은 지식과 기능이 있다면 그것으로 어떻게 남을 도울지 생각할 터입니다. 증여가 일어나는 거죠. 교육이라는 것은 이렇게 집단으로 이루어지는 행위이며, 받은 쪽은 지식이나 기능이라는 선물을 다음 장소로, 감사의 말을 들을 수 있는 장소로 가져가 발휘합니다. 이런 순환 속에서만 교육사업이 성립할 수 있다고 저는 생각합니다. 선생님들께 부탁드리고 싶은 것은 우리가 팀을 형성해서 교육하고 있다는 사실, 이 팀에는 옆에 있는 선생님들뿐만 아니라 돌아가신 분들이나 아직 태어나지 않은 미래의 교사들도 포함된다는 넓은 공생감을 갖고 교육을 행하셨으면 한다는 점입니다.

제가 근무하던 고베여학원대학은 130년의 전통이 있는 학교로 졸업생들의 애교심이 강한 학교로 유명한데, 그러나 보니 졸업생이 유산 기부가 매년 있습니다. 제가 교무처장을 맡고 있을 때 경영위원회 회의에서 경리부장의 예산 발표를 들었는데, 그해에도 어느 졸업생의 기부가 있다는 보고를 들었습니다. 그런데 기부 액수가 예년과 다르게 4억 엔이라는 거액이었습니다. 저는 굉장히 놀랐습니다. 그분이 우리

학교에서 교육받은 것은 60여 년 전 일입니다. 그때 받았던 교육으로 풍부한 인생을 누렸으니, 그 답례로서 기증하신 것인데, 사실 그녀를 감동시킨 교사들은 지금 이 세상에 없고 저희는 그분들 이름도 모릅니다. 그분들에 대한 감사의 마음을 우리가 받아도 되는지 고민됐지만, 저는 받아도 된다고 했습니다. 이름도 모르고 어떤 교육을 했는지 알 수도 없는 그 교사들 또한 지금의 저와 함께 교사단을 형성하는 사람이기 때문입니다. 예를 들어 지금 제가 가르친 스무 살 아이들이 60년 뒤, 유산을 기부한다고 해도 지금의 교수들은 거기에 없을 것입니다. 그 돈을 받는 건 아직 태어나지도 않은 미래의 교사가 될 것입니다. 하지만 그 미래의 교사들도 저와 마찬가지로 제가 행한 교육의 성과를 누릴 권리가 있습니다. 돌아가신 교사들과 교사단을 형성하고 있는 것처럼, 아직 태어나지 않은 미래의 교사들과도 하나의 교사단을 형성하고 있기 때문입니다. 이런 드넓은 공생감, 함께 사는 감각 속에서 교육 사업이 이루어져야 한다고, 저는 생각합니다.

# 2018
## 네 번째 이야기

**미래교육 어떻게 디자인할 것인가**

일시 | 2018년 11월 5일(월) 18:00~20:00
장소 | 아산교육지원청 대강당
주최 | 충청남도교육청·에듀니티

일시 | 2018년 11월 6일(화) 16:00~18:00
장소 | 국립국제교육원 다목적홀
주최 | 경기도교육연수원·에듀니티

강의 동영상으로 연결되는
QR코드입니다.

# 미래교육
## 어떻게 디자인할 것인가

여러분, 안녕하십니까. 많이들 와주셔서 정말 감사합니다. 사실 어제 저녁에도 똑같은 테마로 강연했습니다. 미래 사회를 어떻게 살 것인가, 미래교육을 어떻게 디자인할 것인가라는 주제로 이야기했죠. 특히 미래 사회가 어떻게 될 것인가에 중점을 두고, 80퍼센트 정도는 앞으로 세계가 어떻게 변할지에 대해 이야기했습니다. 특히 저출산과 고령화라든지, A.I. 도입에 의한 고용 붕괴, 국제관계의 변화 등을 이야기했는데, 청중이 그다지 관심을 보이지 않으셨습니다. 오늘 아침에도 신문기자와 인터뷰했는데, 역시나 앞으로의 학교교육, 가정교육을 어떻게 해야 하냐는 굉장히 직접적인, 지금 당장 뭘 어떻게 할지에 관한 질문만 받았습니다. 하지만 지금부터 세계가 어떻게 변할지, 한국 사회가 어떻게 변할지에 관한 기본적인 전망이 없으면 미래교육 디자인에 관해 이야기할 수가 없다고 생각합니다. 그래도 어제 반응이 워낙 좋지 않았으니 오늘은 그쪽 이야기를 자제하도록 하겠습니다. 대신 이 격동기, 혼란기에서 살아남으려면 아이들이 어떤 능력과 자질을 몸에 익혀야 할지에 대해 중점적으로 이야기하겠습니다.

## 과학 기술은 교육을 어떻게 바꾸는가

교육을 둘러싼 환경의 변화 중 가장 예측하기 힘든 것 중 하나가 과학 기술의 변화입니다. 기술의 변화는 인간 사회 고유의 역사적 변화와는 관계없이 일어나며, 독자적으로 계속 변화합니다. 가장 극적인 변화라 할 수 있는 것이 자동번역기의 출현입니다. 현재 일본과 한국을 비롯 전 세계의 비영어권 국가에서는 영어 학습이 가장 우선적인 과제가 되어 있습니다. 경우에 따라서는 교육자원의 절반 가까이를 영어 학습, 특히 영어 회화 교육에 투자하기도 합니다. 영어를 못하면 글로벌 사회에서 살아남을 수 없다는 식으로 협박하며 아이들에게 영어 공부를 강요하고 있습니다. 그런데 지금 자동번역기의 개발이 매우 빠른 속도로 진행되고 있습니다. 작년에 일본의 한 잡지에 자동번역기 전문가와 영어교육자가 나눈 담화가 실렸는데 그 전문가의 말에 따르면 자동번역기 개발에는 여러 단계가 있는데, 현재 개발 중인 것이 세 번째 단계라고 했습니다. 인공지능을 도입한 딥러닝 기술을 활용하여 번역기에 인간의 외국어 습득 과정과 완전히 똑같은 과정으로 새로운 언어를 학습시킨다고 합니다. 현존하는 자동번역기의 수준은 대체로 토익 점수 600점 정도에 해당하는데, 수년 이내에 800점 수준까지 오를 것이라고 합니다. 특히 일상생활 속에서 나누는 대화라든지 논리적이고 단어 하나하나의 의미가 분명한 학회 발표 등의 상황은 자동번역기의 번역으로 문제가 없을 거라며 앞으로 학교에서 영어를

197

가르칠 필요가 없어지는 시대가 올 것이라고 했습니다. 앞으로도 통역이라든가 번역가, 외교관 등 언어를 다룰 때 굉장히 섬세한 뉘앙스를 따질 필요가 있는 직업을 가진 사람들은 영어를 하나의 특수한 전문적 능력으로서 계속 익힐 필요가 있겠지만, 99퍼센트의 아이들은 영어를 습득할 필요가 없을 거라고요. 저는 이 이야기를 일본의 중고등학교 영어 선생님들 앞에서 하면서 자동번역기의 개발이 지금 어느 수준에 이르렀는지 아는 분이 있냐고 물었는데, 아무도 모르는 상태였습니다.

일본의 문부과학성에서는 '영어를 말할 수 있는 일본인'이라는 프로그램을 꽤 오래전부터 시행하고 있는데, 이번 교육과정에서는 초등학교 3학년, 아홉 살부터 반드시 영어 교육을 받도록 되어 있습니다. 하나의 소통 수단으로서 영어를 습득할 필요가 있다는 것은 누구나 알고 있습니다. 한 장소에서 다른 장소로 가려면 몇 ㎞를 이동할 필요가 있는지를 파악해야 하는 것과 똑같은 논리입니다. 이동할 때는 걸어갈 것인지, 자전거로 갈지, 오토바이나 자동차를 탈지

등 다양한 대체 수단을 비교해보고 가장 빠른 방법을 취하는 것이 당연하죠.

여기 보이는 작은 기계가 자동번역기입니다. 이게 일본 가격으로 38000엔입니다. 이 기계 하나로 60개 국어를 번역할 수 있습니다. 일본어를 말하면 한국어로 번역해주고, 한국어를 들려주면 일본어가 나옵니다. 어제부터 몇 번인가 시험해보고 있습니다만, 그리 기능이 좋진 않습니다. 짧은 문장을 확실히 발음하지 않으면 제대로 번역해주지 않습니다. 하지만 이건 언어 인식 기술의 문제일 뿐이며, 꾸준히 계량되고 있습니다. 원리적으로는, 외국어를 버튼 하나로 번역하는 일 자체는 이미 이렇게 작은 기계 하나로 가능한 간단한 일이 된 것입니다.

전자계산기가 나오기 전까지는 대부분의 사람들이 계산이라는 행위를 종이에 연필로 적어서 했습니다. 기억하시는 분이 있을지는 모르겠지만, 초창기 계산기는 손으로 돌려서 움직이는, 시간이 많이 걸리고 쓰기 어려운 것이었습니다. 그런데 지금은 전자계산기로 발전하고, 몇만 엔씩 하던 가격도 점점 싸져서 지금은 1000엔으로도 고성능 계산기를 어렵잖게 구할 수 있습니다. 마찬가지로 이 38000엔짜리 자동번역기가 2000엔 남짓한 가격으로 편의점에서 팔리는 시대가 오기까지 10년도 걸리지 않을 거라고 생각합니다.

〈스타워즈〉에는 C-3PO라는 금색 로봇이 나옵니다. 우주의 모든 언어를 번역할 수 있는 통역 로봇인데요, 그 로봇을 주머니에 쏙 들어가는 크기로 줄여서 3000엔 정도의 가격에 파는 시대가 코앞에 와 있습니다.

## 공부의 쓸모를 어떻게 말할까

자동번역기의 개발은 학교에서의 영어교육법이라든가 외국어교육, 외국인과의 소통이라는 문제와는 완전히 무관하게 일어난 사건입니다. 자동번역기의 등장은 '외국어를 배우는 진정한 의미는 무엇인가'를 우리 스스로에게 질문하게 합니다. 본래라면 영어 교사를 포함한 모든 외국어 교사가 먼저 모국어 이외의 언어를 배우는 일의 본질적인 의미가 무엇인지를 생각해봤어야 합니다. 그런데도 우리는 영어를 할 줄 모르면 글로벌 사회에서 살아남을 수 없다든지, 취직할 수 없다든지 하는 실리적인 이유로 외국어 습득에 동기를 부여해왔습니다. 그러니 이제는 제대로 된 자동번역기 출현 이후에 아이들에게 외국어를 배울 필요성과 본질적인 의미에 대해 이야기해줄 방법을 생각해야 합니다. 그래서 저는 중고등학교 영어 선생님들에게 "학생들이 '자동번역기가 있는데 왜 영어 공부를 해야 하나요?'라고 묻는다면 대답할 수 있겠습니까?"라는 질문을 던졌습니다. 저 또한 오랫동안 프랑스어 교사로 일했기 때문에, 아이들에게 왜 프랑스어를 가르쳐야 하는지에 대해 오랫동안 깊이 생각해왔습니다. 어느 시점부터 대학 교수 중에서도 외국어는 영어 하나면 된다고, 중국어, 독일어, 프랑스어 같은 제2 외국어는 배울 필요가 없다는 과격한 주장을 하는 사람이 늘어나기 시작했습니다. 그런 환경이다 보니 자연스럽게 외국어 공부의 본질적인 이유를 계속 생각할 수밖에 없었습니다.

제가 생각하는 외국어 공부의 핵심은 한마디로 '모국어라는 감옥으로부터 탈출하는 것'입니다. 우리는 모국어라는 틀 안에서 생각을 하고, 사물을 느끼며, 자신을 표현합니다. 외국어를 배운다는 것은 모국어를 사용하는 사람과는 전혀 다른 방식으로 세계를 분절하는 사람들이 있다는 사실을 자각하는 계기를 마련해줍니다. 자기들과는 다른 음운으로 말하고, 자기 나라에는 없는 어휘를 쓰는 사람들이 있다는 것. 자신들과는 전혀 다른 통사론으로 세계를 논하고 분절하는 사람들이 있다는 사실을 자각하는 겁니다. 처음 외국어를 배울 때 모국어에는 없는 음운을 입 밖으로 낸 순간의 두근거림을 여러분도 기억하실 거라 생각합니다. 모국어에는 없는 어휘, 그것이 나타내는 감정이라든지 개념, 감동은 모국어에는 존재하지 않는 것들이죠. 그런 것들을 외국어 공부로 직접 발견해나갈 수 있습니다. 외국어 학습은 이해나 공감을 위한 채널을 만들려고 하는 것이 아니라, 이해도 공감도 할 수 없는 사회 집단이 지구상에 수없이 존재한다는 사실 자체를 자각해가는 과정입니다. 진정한 상호 이해, 국제 이해란 모두가 똑같은 인간임을 자각하고, 같은 생각을 하며, 같은 논리로 판단하고, 같은 감정을 공유하는 것이

202

아닙니다. 외국어 학습에서 가장 우선해야 할 목표가 있다면 이해도 공감도 할 수 없는 타인과도 함께하는 것, 함께 일하고 함께 사는 법을 익히는 일일 것입니다.

외국어 교육 이야기를 하다 보니 자꾸 말이 길어집니다만, 한 가지만 더 이야기하자면 외국어 학습을 할 때는 목표 언어와 목표 문화라는 것이 있습니다. 예를 들어, 한국어 공부를 할 경우 한국어가 목표 언어이고 한국 문화가 목표 문화가 됩니다. 한국어를 배우는 경우, 그 이유는 대개 간단합니다. 대부분 목표 문화인 한국 문화에 흥미가 있기 때문에 한국어를 배웁니다. 한국의 정치나 사회나 문화, 경우에 따라서는 음악이나 미술 등을 이해하고 싶다는 확실한 목적이 있습니다. 그런데 현재 일본이나 한국에서 행하는 영어 학습에서 목표 언어는 영어이겠지만, 목표 문화는 과연 무엇일까요? 일본 아이들이 영어를 배우는 주된 이유는 영어를 배움으로써 높은 사회적 지위와 수입을 얻는 것, 일본 사회에서 높은 위치를 차지하는 것입니다. 이것이 영어 학습의 주요 동기입니다. 이것은 굳이 외국어를 공부하지 않아도 일본 사람 누구나 알고 있는 것입니다. 임금이 높으면 대우를 받고, 위신이 높아진다는 것은 누구나 알고 있는 사실입니다. 일본인이라면 누구나 알고 있는 가치관 획득을 위해 영어를 공부하는 거죠. 그러니 일본의 학교교육에서 행하는 영어 학습에 있어 목표 언어는 영어지만 목표 문화는 일본 문화입니다. 외국어를 공부함으로서 모국의 가치관이나 사회 시스템을 강화하는 겁니다. 본래 외국어 학습의 의미는 모국어라는 감옥으로부터 탈출하는 것이라고 말씀드렸는데, 한국이나 일본에서 시행하고 있는 외국어 교육은 오히려 모국어라는 감옥을 강화하고 있는 게 아닐까요?

학교교육이 목표로 삼아야 하는 것은 '사실 너희들이 알고 있는 세계는 아주 비좁고, 너희들이 세계를 분절하는 방식은 아주 특이한 것이며, 너희의 가치관이나 미의식은 매우 국지적인 것'임을 알려주는 것, 나아가 이런 한계를 어떻게 넘을 수 있는지 가르쳐주는 일이라고 생각합니다.

앞으로 이 사회는 이행적 혼란기, 격동기를 맞이할 것입니다. 그때 세상에 나갈 아이들은 지금까지와는 전혀 다른 새로운 정치적, 경제적, 문화적 상황에 직면할 것입니다. 자신이 가진 잣대로는 가치를 잴 수 없는 것, 자선의 어휘로는 표현할 수 없는 사념이나 감정, 이해할 수 없는 행동을 마주했을 때 적절하게 대처하는 능력이야말로 앞으로 아이들에게 요구될 사회적 능력이라 생각합니다.

## 가장 자유로운 자리에 서기

저는 약 40년 동안 합기도 수련을 하고 있는데요. 20년쯤 전부터 능악*도 같이 배우고 있습니다. 능악은 지금으로부터 650년 전에 탄생한 전통 예술로 일종의 가면극인데, 지금까지도 처음 생겨났을 당시와 거의 똑같은 형태를 유지하고 있습니다. 대부분의 가면극이 그렇듯 무대에 오른 인물에게 신이나 귀신이 빙의하여 잠시 다른 차원을 떠돌다가 마지막에 되돌아오는 내용이 많습니다.

합기도 수련을 25년 정도 했을 때 저는 뭔가 다른 것을

---

*능악: 노카쿠能樂, 14세기에 탄생한 일본의 고전 연극. 가면극인 노能와 만담인 쿄겐狂言으로 구성된다. 2001년 유네스코 인류무형문화유산으로 등재되었다.

배울 필요를 느꼈습니다. 왜냐하면 현대인이 가지고 있는 신체 기법만 가지고는 아무리 무도 수련을 열심히 해도 이 이상 나아갈 수 없다는 것을 깨달았기 때문입니다. 저 자신은 너무나 자연스럽게 말하거나 서거나 앉거나 걷는다고 생각하지만, 그것들은 완전히 현대 일본인들 고유의 독특한 신체 기법, 민족적으로 규정된 특유의 자세에 묶여 있는 움직임입니다. 현대 일본인의 표정, 발성법, 걷는 법, 서는 법으로 전국 시대, 700년, 800년 전에 탄생한 무도의 '형'을 재현하는 데에는 한계가 있었습니다. 그래서 무도가 탄생한 시대의 일본인들이 어떻게 발성했는지, 어떻게 앉고 서고 팔다리를 움직였는지를 알기 위해 650년 전의 형태를 간직하고 있는 능악을 시작했습니다.

처음 능악을 시작하고 굉장히 놀랐던 게 중세 일본인들이 몸을 쓰는 방식대로는 한 걸음도 걸을 수 없다는 사실이었습니다. 능악은 현대인과는 전혀 다른 신체 사용 방식을 요구합니다. 발성법도 완전히 다릅니다. 능악에서의 연기는 인간에게 신령이 들러붙는, 뭔가에 빙의된 모습을 관객들에

자신이 가진 잣대로는 가치를 잴 수 없는 것,
자신의 어휘로는 표현할 수 없는 사념이나 감정,
이해할 수 없는 행동을 마주했을 때
적절하게 대처하는 능력이야말로
앞으로 아이들에게 요구될
사회적 능력이라 생각합니다.

게 보여주는 행위입니다. 현대 일본인이 자신과는 전혀 다른 방식으로 신체를 사용하는 중세 일본인의 방식을 따라, 더군다나 인간이 아닌 뭔가에 빙의된 상태를 연기하는 일이 얼마나 어려울지 짐작하시리라 생각합니다.

능악을 처음 배우기 시작했을 때 제 스승께서 해주신 말씀이 있습니다.

"능악 무대에서 가장 중요한 것은 임기응변이다."

이제 능악을 배운 지 20년이 됩니다만, 그동안 스승께서 능악 무대에서의 마음가짐에 관해 하신 말씀은 그 한마디뿐이었습니다. 기술적으로는 이렇게 걸어라, 이렇게 앉아라, 이렇게 발성해라, 이런 표정을 지어라 등등 구체적인 지시가 있었지만 마음가짐에 관한 가르침은 하나뿐이었습니다. 저는 능악 무대에서의 임기응변이란 무엇인가를 계속 생각하면서 수업修業을 받았습니다. 그도 그럴 것이, 어디에 서서 어떤 대사를 하고 무엇을 노래할지 대본으로 정해져 있으니 일반적으로 생각하면 임기응변의 여지가 없으니까요. 모든 것이 정해져 있음에도 불구하고 임기응변으로 대처하라는 게 무슨 뜻일까 고민하며 10년 정도 수련하니 어떤 사실을 깨달았습니다. 당시 저는 마이바야시舞囃子*라는 형식의 공연을 하고 있었는데, 이건 지우타이地謠**라는 코러스가 네명, 하야시囃子***라는 연주자가 네 명 있고 그 앞에서 혼자 춤추는 형식입니다. 공연하며 무대 위를 정해진 규칙에 따라 이동하는데, 무대 위 공간의 밀도가 변하고 있다는 것을 자각했습니다. 능악 무대는 5.4㎡ 정도의 좁은 공간입니다. 그 안에 농담濃淡이나 점도의 차이가 있다는 사실을 깨달은 겁니다. 그냥 빈 공간일 텐데도 어느 선은 무난하게 통과할 수 있고, 어느 선에는 저항을 느끼며, 어디서는 몸이 특정한 방향으로 휘어지는 등 코러스나 악기 소리, 무대 위에 있는 기둥 등에 의해 엄청나게 복잡한 흐름이 생겨나 시시각각 변화하는 것을 느꼈습니다. 대본의 순서, 정해진 대로의 움

---

*마이야바시: 기모노를 입은 배우 한 명이 춤을 선보이고, 다른 배우들은 지우타이 석에 앉아 노래를 부르며 하야시카타가 하야시 석 바닥에 앉아 연주한다.

**지우타이: 내레이션이나 특정 대사, 특정 소절을 합창하는 사람들. 연극의 코러스와 유사하다.

***하야시카타: 악기를 연주하거나 효과음, 추임새를 넣는 사람들. 크기가 다른 세 종류의 북과 피리로 구성된다.

직임이 사실 거기밖에 움직일 곳이 없는, 100퍼센트 필연적으로 생성된 라인을 따르고 있다는 것을 그때 깨달았습니다. 아마 맨 처음, 650년 전에 처음으로 능악의 형태를 잡은 사람은 '이 무대, 이 관계 속에서는 이런 형태밖에 취할 수 없으며 이런 순서로 움직일 수밖에 없다'라는 필연성을 깨닫고 그것을 그대로 '형'으로 남겼을 것입니다. 그 무렵 프로 능악사와 이야기를 나눴는데, '히라키'라는 팔을 여는 움직임에서 손가락 끝에 뭔가가 걸리는 느낌이 든다고 말했습니다. 젤리에 손을 넣고 휘젓는 느낌이 든다고. 그랬더니 그분은 자기 유파에서도 그렇게 이야기한다고 했습니다. 저는 젤리라고 했지만 그분은 한천, 우뭇가사리라고 표현하더군요. 무대 위에 아무것도 없는데도 특정 상황에서 특정한 형을 취할 때 다른 방향에서는 느껴지지 않는 걸림을 느끼고, 거기에 이끌려 최적의 동선을 취하는 '움직임의 필연성'이 생겨나는 겁니다. 제가 능악 수련을 통해 배운 것은 이처럼 있어야 하는 순간, 있어야 하는 장소, 해야 하는 일이 정해져 있다는 사실입니다. 이건 무도의 진수이기도 합니다.

생각해보면 당연한 것입니다. 누군가가 칼로 자신을 베려고 하더라도 1㎜라도 벗어나 있거나 1초라도 먼저 피하면 베이지 않습니다. 그런데 칼날이 들어오는 걸 보고 나서야 도망쳐야겠다고 생각해서는 반응이 늦고 맙니다. 우리가 무도를 통해 습득하고자 하는 것은 '지금 여기 있으면 안 된다'는 느낌을 알아채는 능력입니다. 구체적으로 여기 있으면 어떤 위험이 닥쳐오는지 알기 때문이 아니라 '잘은 모르겠지만 여기 있으면 안 되겠구나'라는 감각을 느끼는 거죠. 무도의 수련을 통해 습득해야 하는 것을 한마디로 정리하면 자신이 어디에 있어야 하는지 아는 능력입니다. 이는 자신이 어디에 있는지를 객관적으로 인식하는 것과는 좀 다릅니다. 여기에 있어도 되는지 안 되는지 아는 능력입니다. 어디에 있어야 하는지 파악하기에 앞서, 있어도 되는지 그렇지 않은지부터 파악해야 합니다. 무도에서는 이것을 '좌座를 본다', '기氣를 본다'라고 표현합니다. 좌를 본다는 것은 어디, 즉 지금 주어진 공간 위에서 어느 자리에 있을지를 파악한다는 뜻입니다. 기를 본다는 것은 언제, 즉 자신이 있어야 할 때를

211

안다는 뜻입니다. 근골을 단련한다든지, 칼이나 창을 빠르고 강하게 움직일 수 있게 되는 것은 무도 수행의 부차적인 결과에 불과합니다.

야규 무네노리柳生宗矩라는 에도 시대의 검객이 있습니다. 이 사람이 쓴 유명한 '병법가전서'라는 유명한 무술서에서도 "가장 중요한 것은 좌를 보는 것과 기를 보는 것이다"라고 이야기합니다. 인간은 있어서는 안 되는 장소에 있을 때 목숨을 잃습니다. 있어서는 안 되는 순간에 머무를 때 목숨을 잃습니다. 가장 중요한 것은 자신이 있어야 할 곳, 있어야 할 때를 아는 것입니다. 그리고 인간은 자신이 있어야 할 장소, 있어야 할 시기를 위에서 부감하며 바라볼 수 없습니다. 앞으로 일어날 일, 미래의 일에 대한 예지니까요. 매뉴얼도, 로드맵도, 가이드라인도 없습니다. 그럼에도 인간은 어느 장소에 섰을 때 '여기 오래 있으면 안 되겠다'라는 감각을 느낄 수 있습니다. 오더라도 지금은 아니라는 것을 알 수 있습니다. 무도와 능악은 밀접한 관계여서 무도가들은 능악 수련을 많이 권유받습니다. 하지만 실제로 무도와 능악을 모두 하는 사람은 드뭅니다. 현대 대부분의 무도가는 따지고 보면 스포츠, 경기로서의 무술을 하고 있는 사람이므로, 전통적인 무도 수행을 통해 어떠한 자질을 개발하고자 하는 움직임과는 약간 방향이 다른 길을 걷고 있습니다. 올림픽에서 금메달을 따고자 하는 선수에게 좌를 보는 기술, 기를 보는 기술은 필요 없죠. 올림픽 같은 대회에서는 언제 어디서 시합할지 정해져 있으니까요. 그러나 무도가에게 요구되는 이러한 자질은 사실 모든 인간에게 필요한 능력입니다. 앞으로 어떤 일이 일어날지 모르는 상황 속에서 언제, 어디에서, 무엇을 해야 할지 아는 것은 미래를 살아가는 데 매우 중요한 능력입니다. 사실 학교교육에서 가장 우선해야 하는 것도 아이들마다 이런 능력을 갖추게 하는 것입니다. 언제, 어디에서, 무엇을 해야 하는지는 아무도 알려주지 않습니다. 본인이 직감적으로 깨달을 수밖에 없습니다. 알려줄 수는 없지만 그런 능력을 육성할 수는 있습니다.

그렇다면 있어야 할 장소란 어디일까요? 어제 강연에서도 이야기했습니다만, 저는 무도나 능악 외에 스키도 배우고 있습니다. 그렇게 잘 타는 건 아니지만 몇 년 전부터 제법 진지하게 배우고 있습니다. 3년쯤 전, 스키 선생님이 하신 말씀이 스키 탈 때는 정확한 위치에 서는 것이 가장 중요하다는 것이었습니다. 그래서 저는 물었습니다.

"선생님, 올바른 위치는 어디입니까?"

선생님은 이렇게 대답하셨습니다.

"올바른 위치란 언제든 올바른 위치로 돌아갈 수 있는 곳입니다."

저는 이 말씀이 굉장히 깊은 이야기라고 느꼈습니다. 제 스키 선생님은 일본에서 굉장히 유명한, 전설적인 스키 선수입니다. 눈만 있으면 어디서든 스키를 탈 수 있는 실력을 가진 분입니다. 그런 선생님의 말이니 저는 그 말을 오랫동안 곱씹으며 생각했습니다. '올바른 위치란 언제든 올바른 위치로 돌아갈 수 있는 곳이다.' 이건 다시 말해 올바른 위치가 올바른 위치를 선택지로 갖고 있는 장소라는 뜻입니다. 논리적으로 생각해보면 가장 많은 선택지를 가진 포지션이 올바른 위치라는 결론이 나옵니다. 어떤 포지션이 올바른지 아넌지는 다음 순간이 되어야 알 수 있다는 겁니다. 그래서 제가 선생님의 말을 듣고 내린 정의는 '올바른 위치란 다음 동작에 대한 가장 많은 선택지를 가진 위치이다'입니다. 다음에 취할 수 있는 동작의 가능성을 가장 많이 내포한 장소. 가장 많은 동선을 취할 수 있는 위치. 다시 말해 가장 자유로운 위치가 옳은 포지션이라고 생각했습니다. 이건 앞서 말씀드린 '좌를 본다', '기를 본다'와 똑같은 이야기입니다. 야규 무네노리가 말한 "좌를 보고 있어야 할 장소에 선다"는 다음 행동의 선택지가 최대가 되는 곳, 가장 자유도가 높은 곳에 서라는 뜻입니다. 능악 스승께서 하신 말씀 또한 가장 올바른 장소는 임기응변이 가능한 곳이라는 뜻으로 해석할 수 있습니다. 무도도, 능악도, 스키도, 전하고 있는 것은 한 가지입니다. 가장 자유롭게 있을 수 있는 곳, 다음 선택지가 최대화되는 곳에 서라는 가르침입니다.

## 자유롭기 위한 학습과 훈련

뒤집어 생각해보면 우리의 생명력이 가장 떨어지는, 가장 위험한 장소는 다음 선택지가 하나밖에 없는 위치입니다. 선택할 수 있는 동선도, 취할 행동도, 움직일 수 있는 타이밍도 하나로 정해진 것이 가장 위태로운 상황입니다. 있어야 할 장소, 순간, 해야 할 일. 모두 '해야 한다'는 표현 때문에 유일한 정답이 있는 것으로 착각하기 쉽습니다만, 사실 반대로 정답이 정해지지 않은 곳이야말로 정답이 됩니다.

지금까지 전해져온 무도와 예능은 최종적으로 하나의 결론으로 집약되는 능력을 강조합니다. 이 같은 능력은 학교교육에서 가장 우선적으로 개발해야 할 능력이기도 합니다. 아이들이 가장 우선적으로 습득해야 할 능력은 자신이 있어야 할 장소와 때, 해야 하는 일을 누군가가 알려주지 않더라도 스스로 체득하는 능력입니다. 어떻게 그런 기술을 가르칠 수 있는지에 대해서는 의문이 있으실 거라 생각합니다. 하지만 실제로 무도나 능악, 스키를 배우다 보면 그런 능력 없이는 계속할 수 없다는 걸 몸소 깨닫게 됩니다.

저는 합기도 도장에서 아이들도 여럿 가르치고 있는데, 처음 도장에 온 아이들은 이해하기 힘든 행동을 합니다. 70

216

평짜리 넓은 도장 안에서 굳이 하나로 뭉쳐서 다니는 겁니다. 움직임 자체는 랜덤하고 무질서하지만 기본적으로 한 명이 움직이면 따라서 우르르 몰려다니는 식으로, 한 덩어리로 뭉쳐서 움직입니다. 그러다 보니 당연히 서로 자주 부딪히고, 서로의 동작을 방해하게 되는데도 계속 그런 위치를 고집합니다. 그런데 신기하게도 1년 정도 수련하다 보면 아이들이 서는 위치가 달라집니다. 처음에는 한자리에 뭉쳐서 앉던 것이, 점점 일정한 간격으로 떨어져서 앉습니다. 인원수를 보고 한 줄로 안 되면 두 줄로, 두 줄로도 부족하면 세 줄로 앉는 판단을 스스로, 자연스럽게 하게 됩니다. 다른 아이들의 동선을 방해하지 않는 위치에 자리 잡습니다. 균등한 간격으로 줄을 선다든지 다른 사람의 동선을 방해하지 않는 법을 따로 수련하는 게 아닌데도 말입니다. 어느 정도 합기도 수련을 하다 보면 피부 감각이 민감해지고, 자신이 있는 공간에 대한 감수성이 풍부해집니다. 그러면 자신이 어디에 있어야 하는지 자연스럽게 알게 됩니다.

　아이들에게 있어야 할 곳, 있어야 할 순간, 해야 할 일이 무엇인지 알려줄 방법은 조금만 궁리해보면 수없이 많을 거라고 생각합니다. 특별한 정답이 있는 것도, 반드시 성공하는 방식이 있는 것도 아닙니다. 하지만 다양한 전통적 기예는 거의 예외 없이 몸의 감수성을 민감하게 해줌으로써 자신이 있어야 할 곳인지 아닌지 식별하는 능력을 기르도록 만들어져 있습니다.

미래교육을 어떻게 디자인할 것인가가 오늘의 주제였는데요, '미래교육은 디자인할 수 없다'는 것이 저의 결론입니다. 미래교육에서 아이들의 피부 감각을 민감하게 하는 것, 신체 감수성을 날카롭게 길러주는 것보다 나은 방법은 없다고 생각합니다. 그러기 위해서는 가장 선택지가 많은 삶을 살 때, 가장 자유로워지고 강해진다는 것을 아이들이 스스로 실감하도록 해주어야 합니다. 많은 아이가 아마도 자유라는 단어의 진정한 의미조차 모르고 있을 겁니다. 신체적인 감각으로 진정한 자유를 경험한 적이 거의 없을 거라 생각합니다. 우리는 아이들이 타고나기를 자유분방하고, 그걸 사회적 기반을 통해 규제해나가야 한다고 생각하기 십상이지만, 사실 그렇지 않습니다. 자유는 학습하는 것입니다. 상당히 집중적이고 장기적인 노력을 들여 체계적으로 훈련시켜주지 않으면 아이들은 자유가 무엇인지 알 수 없습니다. 올바른 위치에서 올바른 순간에 올바른 행동을 하도록 하려면 아이들에게 행동의 선택지가 가장 많은, 선택할 수 있는 동선이 가장 많을 때 살아 있음을, 생명력이 넘쳐난다는 것을 경험으로 실감하게 해주는 수밖에 없습니다. 자유라는 것은 자연 상태로서 존재하는 것이 아니라 학교교육이나 가정교육, 수행을 통해 비로소 습득할 수 있는 능력이라는 점을 여러분이 꼭 이해해주셨으면 합니다. 이것으로 강의를 마칩니다.

## 질의/응답

**Q1.** 4차 산업혁명 시대가 다가와 사물인터넷이나 인공지능, 빅데이터의 출현으로 반복적인 일들은 모두 기계가 담당할 것이라는 전망이 있습니다. 그래서 앞으로의 세대는 독창적, 감상적, 또는 융복합적 사고가 필요한 일에만 종사할 거라는데, 아직까지도 한국의 교육은 단순 지식의 암기만을 요구하는 것 같습니다. 독창성이 중요시되는 지금 상황에 일본에서는 아이들에게 어떤 방식으로 독창성을 요구하는지 알고 싶습니다.

**A1.** 일본은 더 심각한 상황입니다. 일본에서도 학교교육으로의 시장원리 침입, 나아가 학교라는 조직 자체를 주식회사 구조로 탈바꿈시키려는 움직임이 요 10년간 각지에서 일어났습니다. 결과적으로 학교라는 존재가 조직의 관리, 학생들을 어떻게 관리하고 규격화하는가를 우선시하며 규격화한 아이들에게 등급을 매기고 우수

한 아이들에게는 포상을, 뒤떨어지는 아이들에게는 벌을 준다는 심플한 구조가 정착돼버렸습니다. 아이들이 점점 하나의 선택지밖에 없는 상황에 몰리고 있습니다. 더욱 문제가 되는 건 아이들에게 '모두가 할 수 있는 것을 남들보다 조금 더 잘하는 것'만 요구하고 있다는 점입니다. 본래 아이들은 저마다 다양한 재능, 소질을 가지고 있을 텐데, 그 다양한 재능이 하나하나 개화하도록 지원한다는 발상 자체가 현재 일본의 학교교육에서는 완전히 사라졌다고 할 수 있겠습니다. 결국 가장 큰 문제는 교육계가 아이들을 규격화, 균일화하고 등급 매기는 일에 모든 자원을 투입하고 있다는 점입니다.

**Q2.** 일본 아이들도 그렇겠지만, 우리 아이들도 아주 빠른 속도로 일본 아이들을 따라가고 있다고 느낍니다. 떠들고 돌아다니고 이런 건 아주 일상이라고 볼 수 있고, 선생님에게 덤비는 건 물론 선생님을 괴롭히는 아이들마저 있는데, 이런 아이들과 우리 선생님들이 어떻게 만나

야 할지요. 교육청은 그런 선생님들에게 어떤 도움을 줄 수 있을지 또 우리 선생님들의 재교육과 관련된 우리 연수원의 역할은 무엇이어야 할지 의견을 여쭙고 싶습니다.

A2. 연수원의 역할도 학교 선생님들의 역할과 완전히 똑같습니다. 선생님들에게 자유가 무엇인가를 경험시켜주는 겁니다. 일본과 마찬가지로 한국의 교사들도 자유가 무엇인지 알지 못하고 계실 거라 생각합니다. 교단에서 어떤 형태로 수업을 진행하고 어떤 말투로 어떤 내용을 전해야 자신의 다음 선택지가 가장 넓어지는지, 교사 자신이 어떻게 하면 자유로워지는지 알아야 합니다. 자유를 모르는 교사가 아이들에게 자유를 가르칠 수 있을 리 없으니까요. 질문자께서 연수를 진행하실 때 다른 선생님들 앞에서 자유롭게 있는 것. 다음에 무슨 말을 할지 아무도 알 수 없고 결론을 예상할 수 없는 발언을 매 순간 보여주는 것. 이렇게 지성이 활성화되는 순간을 직접적인 체험을 통해 가르쳐주고, 이를 본 교사들은 교단에

222

서 아이들에게 다시 전해주는 겁니다. 자유라거나 지성의 활성화, 생명력이 넘쳐난다는 게 무슨 뜻인지는 견본을 보여주면서 가르치는 수밖에 없습니다.

여러분도 다들 학교를 다니셨을 텐데, 지금 되돌아보면 가장 기억에 남는 것은 선생님이 수업 중에 탈선하던 순간, 잡담을 시작하는 순간일 겁니다. 지루해서 졸던 아이들도 선생님이 갑작스럽게 선로를 바꾸면 눈을 번쩍 뜹니다. 그것은 선생님의 지성이 스위치를 바꾸어 다른 레일을 달리기 시작했다는 것을 의미합니다. 아이들은 선생님에게도 많은 트랙이 있고 거기서 하나를 선택할 수 있다는 사실에 감동합니다. 그리고 선생님이 잡담을 시작할 때, 탈선의 계기가 되는 말은 항상 똑같습니다. '그러고 보니'입니다. "그러고 보니 이런 이야기가 떠올랐다." 수업 중에 우연히 한 말, 교과서에 있는 단어를 계기로 '그러고 보니'라며 탈선하기 시작하는 겁니다. 영어로는 'That reminds me of a story'라고 하는데, 이 말은 그레고리 베이트슨Gregory Bateson이라고 하는 굉장히 교양이 풍부한 학자가 쓴 《정신과 자연*Mind and Nature*》이라는 책의 초반부에 나오는 짧은 이야기에서 등장합니다. 1950년대의 책이라 이야기도 좀 낡았습니다만, 세계 최대의 컴퓨터를 개발한 박사가 기계에게 인간처럼 사고할 수 있냐고 묻는 내용이 담겨 있습니다. 이것이 인간이 처음으로 슈퍼컴퓨터에게 던진 질문이었고, 질문을 받은 컴퓨터는 계산을 시작하여 결과를 프린트해서 보여줍니다. 거기에는 이렇게 적혀 있었습니다. "That reminds me of a story." '컴퓨터는 인간과 같이 사고할 수 있는가?'라는 질문에 컴퓨터는 '그러고 보니 이런 이야기가 떠올랐다'라고 답한 겁니다. 이 일화는 여기서 끝입니다만, 이 짧은 이야기가 우리들에게 전하는 것은 인간의 지성이 활동하는 것은 사실 질문에 대해 대답할 때가 아닌 무언가를 계기로 다른 이야기를 떠올리는 순간이라는 사실입니다. 우리가 어릴 적 들었던 수업 내용은 하나도 기억하지 못하면서 선생님이 탈선하시던 순간만은 기억하고 있는 것도 이런 까닭입니다. 선생님

의 지성이 활성화된 순간을 기억하고 있는 겁니다. 그것
에 감동한 것입니다. 그러니 교사가 교단에 서서 해야 하
는 일은 간단하다면 간단하다고 할 수 있습니다. '그러고
보니'라고 말을 꺼내는 겁니다. 그 뒤에 이어지는 이야기
는 아이들의 마음속에 파고듭니다.

학교교육에서 배워야 하는 것은 사실 하나밖에 없
습니다. 인간은 지성을 어떻게 활용하는가. 지성은 콘텐
츠가 아니라 태도이고 방법입니다. 지성을 사용하는 방
법을 가르쳐야 합니다. 계기는 뭐든지 상관없습니다. 긴
학교생활 중 어느 순간, 어떤 계기로 '아 지성은 저렇게
사용하는 거구나' 하고 깨달으면 그 뒤로 아이는 알아서
학습합니다. 그러므로 선생님들께서 할 일은 '그러고 보
니'로 시작하는 이야기를 해주는 것입니다만, 이게 제법
어려운 일입니다.


Q3. 선생님 저서의 내용 중에 '교육이라는 것은 고장난
자동차를 타고 가는 도중에 수리하는 것이다'라는 표현

225
미래교육 어떻게 디자인할 것인가

이 기억나는데, 그 의미에 대해서 한번 말씀해주셨으면 좋겠습니다. 또 선생님께서 쓰셨던 거의 대부분의 저서들을 보면 학교나 교사의 역할에 대해서 많이 쓰여 있고 배움을 구하는 학생들에게 바라는 이야기는 많지 않았는데, 오늘 이 자리를 빌어서 학생들에게 들려주고 싶은 말씀이 있으시다면 간단하게 듣고 싶습니다.

**A3.** 학교교육이라는 것은 의료나 사법과 마찬가지로 현행 시스템의 상태가 좋지 않다고 해서 한번 멈추고 10년이든 20년이든 쉬면서 완전히 새로운 것을 만든 다음 일제히 갈아치우는 것이 불가능합니다. '지금 학교교육이 좋지 않으니 멈추고 다시 만들겠습니다. 학생들은 집으로 돌아가세요. 오늘부터 학교는 없습니다.' 이렇게 말할 수는 없잖아요.

살아 있는 사람(生身), 육체를 가진 사람 그 자체를 대상으로 하고 있는 시스템은 멈출 수가 없습니다. 의료든 사법이든 학교교육이든 마찬가지입니다. 그러니 움직이면서 고쳐나가는 수밖에 없습니다. 교사와 학생이 함께 달리며 고칠 수밖에 없으니, 당연히 급격한 수정은 불가능합니다. 교육제도는 타성이 강한 구조로 되어 있어서, 어떤 방식이 효과적이라는 걸 안다고 해도 갑자기 바꿀 수는 없습니다. 극적인 개선은 조직 전체가 일괄적으로, 전체를 한 번에 바꾸기 때문에 일어나는 것입니다. 아무리 혁신적인 개혁안이라도 조금씩 적용해나가면 극적인 변화가 나타나지는 않습니다. 따라서 가장 효과적인 제도 개혁은 교사 한 명 한 명에게 자유재량권을 주는 것입니다. 교육제도는 살아 있는 사람을 대상으로 하고 있으므로, 그 개혁에는 미묘한 가감이 필요합니다. 이러한 미묘한 가감을 조절할 수 있는 것은 현장에 있는 사람들뿐입니다. 교사 한 명 한 명이 자신의 자기 결정권, 자유재량권을 가지고 각자 창의적으로 궁리하여 바꾸어나가야 합니다. '조직적 제도 개혁'이라 불릴 만한 개혁은 자유재량권을 인정하지 않는 제도에서 인정하는 제도로 바꾸는 것뿐입니다. 그러나 지금 일본의 교육은 교사 개개인으로부터 자유재량권을 빼앗는 방향으로 진행되고 있습니다. 교육부 장관이나 교육 지자체의 장처럼 위에서 임명한 사람들, 강한 권력을 가진 사람들이 모든 교사를 통괄하여 명령에 따르게 하려고 합니다. 그렇게 약 25년에 걸쳐 교육의 통제가 진행된 결과 현재 일본 대학의 학술적 능력은 OECD 최하위로까지 떨어졌고, 아이들의 학력도 급격히 저하되고 있습니다. 제가 한국의 선생님들께 뭔가 조언드린다면 '절대로 일본 흉내를 내지 마라'라고 말씀드리고 싶습니다.

**Q4.** 게이오 대학의 이케다 키요시 작가가 쓴《자유와 규율》*이라는 책을 보면 스포츠맨십을 통해서 자유와 규율의 균형을 찾아가는 영국의 교육에 대해서 소개하는데, 오늘 우치다 교수님께서도 비슷한 방식으로 전통 기예를 통해 자유를 찾아가는 방식을 강조하셨습니다. 이러한 생각의 바탕에는 깊은 철학적 사유가 있었을 것이라고 생각하는데, 오늘 강연에서 말씀하신 핵심은 '최대

의 선택지를 가질 수 있는 인간을 키워야 한다'라는 것이었습니다. 우리 한국에서도 최근 몇몇 학자께서 전문교육이 아닌 교양교육으로의 전환을 강조하고 있는 것으로 알고 있습니다. 그래서 오늘 우치다 교수님께서 말씀하신 자유교육과 교양교육 간의 공통점이나 차이점이 있는지 듣고 싶습니다.

**A4.** 전문가란 자신의 전문 분야가 아닌 다른 분야의 사람들과 협업할 수 있는 사람을 말합니다. 협업할 수 없는 사람을 전문가라고는 하지 않습니다. 아무런 도움이 되지 않으니까요.

그러니 전문가가 되기 위해서는 두 가지 능력이 필요합니다. 하나는 자신이 할 수 있는 것, 아는 것에 깊이 파고드는 능력입니다. 다른 하나는 자신이 무엇을 할 수 없는지, 누구와 협업할 필요가 있는지 파악하는 능력입니

*원제는 自由と規律:イギリスの学校生活. 국내에는 《자유와 규율: 영국의 사립학교 생활》(이케다 기요시 지음, 김수희 옮김, AK커뮤니케이션즈, 2016)로 소개되었다.

다. 도서관에 비유하자면 어느 한 선반에 있는 책을 모조리 읽어 꿰고 있는 동시에 도서관의 지도를 가지고 어디에 어떤 책이 있는지, 자신이 읽지 않은 방대한 책들이 어디에 어떻게 배치되어 있는지, 어디로 가면 자신이 모르는 것을 알 수 있는지를 알아낼 수 있어야 합니다.

전문교육과 교양교육이라는 것은 사실 같은 겁니다. 전문교육이란 말하자면 도서관의 특정 선반에 있는 책을 전부 읽는 것이고, 교양교육은 도서관의 지도를 손에 넣는 것입니다. 다시 말해 교양교육이란 자신이 무엇을 모르는지 아는 것입니다. 얕고 넓은 것이지요. 교양이란 무언가를 아는 것이 아니라 무엇을 모르는지를 아는 것이기 때문입니다. 예를 들어 프루스트의 《잃어버린 시간을 찾아서A la recherche du temps perdu》를 열 쪽만 읽어본다든지, 도스토예프스키의 《카라마조프가의 형제들》을 처음 한 장 정도 읽는 것. 이런 것입니다. Everything에 대해서 Something을 아는 것이죠. 좀더 정확하게는 Everything에 대해서 자신이 아는 게 Something뿐이라는 사실을 자각하는 것입니다. 《카라마조프가의 형제들》을 처음 몇 쪽만 읽고 말았다고 하더라도 그 뒤에 500쪽이 더 있으며, 그 바탕이 되는 방대한 러시아 문학의 산맥이 있다는 사실을 알고 있으면 됩니다. 따라서 중고등학생도 방대한 교양을 익히는 것이 가능합니다. 대충 조금 알아도 문제가 되지 않는다는 거죠. 오히려 중고등학생, 젊은 아이들 쪽이 풋워크가 좋다 보니 어느 정도 나이를 먹고 특정 분야의 전문가가 된 사람보다 교양이 훨씬 풍부할 수 있습니다.

조금씩 맛본다는 게 매우 중요합니다. 맛만 살짝 본 사람은 그 너머에 엄청나게 방대한, 내가 모르는 영역이 존재한다는 사실을 알게 되기 때문입니다. 건드려본 적이 없는 사람은 그런 영역이 있다는 사실조차 모릅니다.

재미있는 이야기가 하나 있습니다. 3년쯤 전, 잡지 《문예춘추》에서 흥미로운 앙케이트를 했습니다. '당신이 아직 읽지 않은 책 중에서 죽기 전에 읽고 싶은 책을 세 가지 골라주세요'라는 질문이었습니다. 저는 열심히 생각해서 세 권을 골랐습니다. 그리고 다른 사람들은 어떤 책을 골랐을지 궁금해하며 결과를 기다렸는데, 막상 결과를 보고 경악했습니다. 앙케이트의 질문은 '당신이 읽지 않은 것 중에서 죽기 전에 읽고 싶은 책을 골라주세요'인데 100명에 가까운 답변자 중 95명 정도가 죽기 전에 한번 더 읽고 싶은 책을 고른 것입니다. 저처럼 아직 읽지 않은 책을 고른 사람은 다섯 명 정도였습니다. 사실 엄청나게 쉬운 질문 아닙니까? 오해할 여지가 없는 질문에 95퍼센트에 가까운 일본의 지식인들이 잘못된 답을 한 겁니다. 자신이 무엇을 모르는가를 확인하는 게 그 정도로 싫은 겁니다. 이런 사람들이 교양이 없는 사람이라고 봅니다.

**Q5.** 저는 특수학교에서 지적 장애가 있는 학생들을 가르치고 있습니다. 중학교 1학년 딸도 있고요. 여기 계신 다른 분들께는 선생님이 말씀하신 자유재량권이 편안하게 다가왔을 거라 생각합니다. 그런데 저는 이제 중학교

1학년인 제 딸에게 자유재량권이라는 말을 어떻게 설명해야 될지 모르겠습니다. 아이가 진로를 찾아가는 과정에서 자유재량권이 큰 역할을 할 뿐더러 선택지 늘리는데도 영향을 미칠 듯한데요. 아이에게 자유재량권을 어떻게 이야기하면 좋을까요. 무한한 자유인지, 유한하다면 어느 정도인지, 어떻게 본인이 감당할 수 있는 자유의 정도를 체감하게 해줄지에 대해 듣고 싶습니다.

**A5.** 이건 제가 알려드릴 수가 없는 부분인데, 이런 미묘한 가감이나 조절에 관해서는 매뉴얼이 없기 때문입니다. 현장에서, 질문자께서 따님과 마주하는 과정 속에서 유일무이한 선택지를 스스로 결정해야 합니다. 주변 사람들이 이래라저래라 해서는 안 된다고 생각합니다. 힌트가 있다면 자신이 뭔가 결정적인 말을 했을 때 자신과 아이 사이의 관계가 좀더 자유로워짐을 느끼는지 여부일 것입니다. 자녀에게 해줄 수 있는 말의 종류가 늘어났다든지, 표정이나 말투가 풍부해졌다든지, 반대로 아이

가 부모에게 할 수 있는 말이나 지을 수 있는 표정이 늘어났는지, 아니면 줄어들었는지를 확인하는 겁니다. 간단한 일이죠. 커뮤니케이션 할 수 있는 회로가 보다 복잡해지는 방향을 향해야 한다는 것이 정답이라면 정답이라 할 수 있습니다.

Q6. 일본 흉내를 내서는 안 된다고 말씀하셨는데, 일본에서 도입하기 시작한 국제 바칼로레아International Baccalaureate 시험제도를 선진적인 교육방법이라 평가하며 한국에서도 도입하려 하는 움직임이 일어나고 있습니다. 여기에 대해서 어떻게 생각하시나요?

A6. 기본적으로 학생들의 학업성취도를 국제적인 기준으로 통제하는 것 자체에 저는 반대합니다. 자신들의 미래를 짊어질 아이들이 어떤 사람으로 자라주었으면 하는지는 집단마다 다른 것이 당연합니다. 나라마다 이데올로기나 가치관이 다르니까요. 인류 전체의 안전을 위

해서도 되도록 다양한 재능과 능력을 가진 인간들이 혼재하는 편이 좋습니다. 아무리 탁월한 테스트를 설계하더라도 결국 지극히 부분적인 것밖에 측정할 수 없습니다. 인간이 가진 능력의 99.9퍼센트는 그런 테스트로는 평가할 수 없습니다. 만약 전 세계의 학생들이 18세에 특정한 시험을 봐야 한다는 식으로 진행될 경우, 모든 아이가 그 시험에 맞추어 자신의 능력을 개발할 것이고 그러면 인류는 틀림없이 위기를 맞이할 것입니다. 그러한 시험제도를 도입한다는 건 기본적으로 비즈니스적인 발상입니다. 글로벌한 경제활동 속에서 인재를 등용할 경우 전 세계 아이들의 호환성이 높을수록 효율적이고 임금도 낮아지니까요. 그러니 정치가나 재계인들이 이런 제도를 추진하는 것도 당연합니다. 다만 교육자들은 그런 국제적인 규격화에 진력으로 반대해야 한다고 생각합니다.

**Q7.** 마지막으로 대한민국 교사들에게 해주시고 싶은 말

씀 간단하게 한마디만 여쭙겠습니다. 사실 요즘에 여러 아이가 끊임없이 교사들과 거래하려고 하고, 참견하지 말고 내버려두라고 이야기합니다. 그런 아이들의 현상에 대해서 교수님께서는 그래도 교사가 참견하는 것만이, '나는 그래도 너희를 포기하지 않겠어'라고 말하는 것만이 답이라고 말씀하셨는데, 이미 우리 아이들과 교사들이 만나는 경지가 그 단계보다 더 어려운 상황이 되어가는 것으로 보입니다. 힘들어하는 우리 교사들에게 한 말씀 부탁드립니다.

A7. 교육은 개인이 하는 일이 아닙니다. 집단으로 하는 일입니다. 교육을 받은 아이들이 시민적 성숙을 이룸으로써 이익을 보는 사람은 사회 전체입니다. 교육의 수혜를 받는 것이 아이들 개개인이 아니라 사회인 것입니다. 교육의 수혜자가 사회 전체라는 것은 교육에 대한 책임 또한 사회 전체가 공유해야 한다는 의미입니다.

　선생님들 역시 혼자가 아닌 사회 전체로, 좁게는 교

236

사단을 이루는 한 사람의 교사로서, 넓게는 사회 전체의 구성원 중 한 사람으로서 교육활동에 임하고 있습니다. 자기 혼자만의 책임이 아니라는 것을 알고 혼자 짊어지지 않아도 된다고, 그래서는 안 된다고 생각합니다. 교사로서, 사회를 구성하는 어른 중 한 명으로서 자기가 할 수 있는 일, 자기밖에 할 수 없는 일이 있다면 그걸 교육 현장에서 가르치는 것만으로 충분합니다. 나머지 부분은 다른 교사들에게 맡깁시다.

# 2019

## 다섯 번째 이야기

---

### 교육과 계급; 이·생·망 동지들에게

일시 | 2019년 11월 4일(월) 18:30~20:30

장소 | 바비엥2교육센터 3층 컨퍼런스룸

주최 | 월간 배움여행

주관 | 사람숲 협동조합


### 어른을 찾습니다

일시 | 2019년 11월 5일(화) 14:00~16:30

장소 | 유성구청소년수련관

주최 | 대전인성교육교사연구회

주관 | 유성구청소년수련관

## 교육과 계급;
## 이·생·망 동지들에게

안녕하세요. 한국어 공부를 3년 전부터 시작했는데 아직 유창하게 말할 수 있는 건 '안녕하세요'와 '감사합니다'뿐이네요. 그래도 작년까지는 한국에 와서 거리를 걷다 보면 간판의 한글이 전부 그림으로 보였는데, 이번에는 문자로 다가오기 시작했습니다. 아직 뜻은 모르지만, 거리의 글자들이 '날 읽어줘', '빨리 날 이해해'라며 압박을 주는 것이 느껴집니다. 그러니 내년에는 아마도 좀더 진보한 한국어 실력으로 여러분과 만날 수 있지 않을까 합니다.

지금 제가 19일째 감기와 사투를 벌이고 있는 데다 통역해주시는 박 선생님도 몸이 안 좋으셔서 예년보다 텐션이 조금 떨어질 수도 있을 것 같습니다만 너그러운 마음으로 들어주시면 감사하겠습니다.

## 일본의 한국 혐오 감정, 어디에서 왔을까

우선 강연에 앞서 지금 사상 최악으로 치닫고 있는 한일관계에 대한 이야기를 하지 않을 수 없을 것 같습니다. 정부 간의 외교관계도 경제관계도 상당히 좋지 않은데다가 각국의 관광객 수까지 격감하고 있는 이런 상황에도 불구하고 이런 자리를 마련하고 참여해주신 여러분께 깊은 감사와 존경의 말씀을 드리고 싶습니다. 여러분의 존재로 한일 간의 시민연대가 양국 정부 사이와 관계없이 굳건하게 유지될 수 있다는 사실이 증명된 것 같습니다.

이곳에 오기 전에 식사 자리에서 질문을 하나 받았는데, 이 자리에서 그에 대한 답변을 풀어나가고자 합니다. 질문 중에는 지금의 한일관계가 역대 최악이 된 원인과 앞으로 어떻게 나아갈지 알고 싶다는 요청도 있었습니다.

현재 한일관계가 지극히 악화된 원인의 99퍼센트는 일본 측에 있다고 생각합니다. 일본에 만연한 혐한 감정을 지탱하는 가장 기본적인 감정은 한마디로 질투심입니다. 현재 일본에서는 버블 경제 이후 30년에 걸쳐 계속 국력이 저하되고 있습니다. 경제력이 정점에 달했던 1988년에는 일본의 1인당 GDP가 세계 2위였는데 30년이 지난 2018년에는 세계 26위였습니다. 2위에서 26위까지 일직선으로 급강하한 거죠. 그 외에도 대부분의 주요 경제 지표가 일본의 국력 저하를 증명하고 있습니다. 그중에서도 특히 두드러지는 것이 교육에 대한 투자, GDP 대비 공교육 지출입니다. 이 항목에서 일본은 거의 20년간 OECD 최하위를 기록하고 있습니다. 학술적 발신력의 지표로 자주 거론되는 인구당 논문 수 또한 한국, 대만, 중국, 싱가폴에 뒤쳐졌습니다. 국제 사회에서 일본의 영향력, 문화적 발신력이나 미래 사회에 대한 리더십이 뚝 떨어진 겁니다. 한마디로 미래 비전력이 완전히 쇠퇴했습니다.

젊은 분들은 잘 모르시겠지만, 1970~1980년대 일본의 경제 성장률은 정말 무시무시할 정도였습니다. 당시 일본의 GDP가 미국에 이어 2위였다고 말씀드렸습니다만, 1위인 미국에 거의 근접할 정도로 경제가 융성했던 시기입니다. 지금 중국의 GDP가 미국에 근접하고 있으며, 2030년에는 역전될 거라는 전망도 있습니다. 그런데 인구가 14억에 달하며 중앙 정부가 민간기업, 대학까지 모두 통제하는 지극히 효율적인 시스템을 갖추고 있는 현재의 중국보다도 기세가 강했던 것이 1980년대 일본입니다. 그러다 1989년에 붕괴Meltdown가 시작되었습니다. 1989년이라는 해는 세계 역사상에서 많은 중요한 사건이 일어난 해입니다. 베를린 장벽의 붕괴, 천안문 사건…… 일본에서는 일왕이 사망하고 연호가 바뀌었습니다. 그중에서도 당시 일본의 경제 사정을 가장 잘 나타내는 사건이 미쓰비시지쇼三菱地所라는 일본 부동산 개발 회사가 맨해튼의 록펠러 센터를 매수한 것과 소니가 컬럼비아 픽처스를 인수한 사건입니다. 미국 맨해튼 중심부에 있는 마천루를 구입하고 할리우드의 대형 영화사를 매수한 것은 굉장히 상징적인 사건입니다. 미국이 소중히 여기는 것들을 돈으로 사버렸다는 뜻이니까요. 버블 경제의 전성기에는 일본의 토지 총액으로 미국을 두 번 살 수 있다는 농담이 생길 정도였습니다.

일본은 1945년에 전쟁이 끝난 이후 기본적으로 미국에게 군사적으로 점령당한 나라이며, 충분한 국가주권을 가지지 못한 나라입니다. 말하자면 미국의 속국이죠. 그렇게 패전으로 인한 괴멸적인 피해를 입고 잔해만 남은 상황에서 눈부신 경제 성장을 이룩하고 결국에는 맨해튼과 할리우드의 일부를 구입하기까지 했으니, 당연히 일본인들의 자만심도 절정에 달했습니다.

1980년대 말의 일본인들은 돈으로 주권을 되사고 속국 신분에서 벗어날 수 있지 않을까 꿈꾸기 시작했습니다. 물론 입 밖으로 꺼내지는 않았지만 당시 대부분의 일본인은 그런 꿈을 품고 있었습니다. 실제로 요구하지는 않았지만, 일본 측에서 괌이나 티니안 등 태평양에 있는 섬에 비행장

245

을 비롯한 모든 제반 시설을 마련해줄 테니 오키나와 미군 기지를 철수시켜달라고 요구할 만한 경제력이 실제로 있었으니까요. 1980년대 일본인만큼 돈의 전능성을 맹신했던 집단도 드물 겁니다. 일본인이 탐욕적이라든지 수전노라는 이야기가 아니라, 돈의 힘으로 국가주권을 되산다는 역사상 어느 나라도 이루지 못한 위업을 달성할 수 있지 않을까 하는 꿈을 품고 있었다는 뜻입니다.

주권이나 국토를 전쟁이나 수완 좋은 외교적 교섭으로 회복한 사례는 있어도 돈으로 구입했다는 사례는 역사상 한 번도 없었습니다. 1960년대와 1970년대의 고도 경제 성장 이후 일본인들이 경제 동물economic animal이라는 말을 들을 정도로 돈벌이에 필사적이었던 것은 풍족한 삶보다는 주권 회복을 바랐기 때문일 겁니다. 일본은 '일본국 헌법 제9조 2항'에 의해 전쟁을 포기한 상태였으며, 외교적인 힘도 없었습니다만, 돈만큼은 있었습니다. 그러니 돈으로 주권을 회복한다는, 미국을 제치고 세계 최고의 경제 대국이 되어 자국의 역량을 행사한다는 선택지밖에 없었을 것이고, 이에 대해 전 국민의 암묵적 합의가 있었으리라 생각합니다. 하지만 일본의 버블 경제는 1992년에 붕괴해버렸고, 급격한 경제 성장도 거기서 멈춰버렸습니다. 그 후로도 일본은 2010년까지 20년 가까이 GDP 세계 2위를 유지했습니다만, 우리는 이 시기를 '잃어버린 20년*'이라고 부릅니다. 중국에게 GDP에서 뒤쳐진 것이 2010년의 일입니다. 겉으로는 십수 년에 걸쳐 세계 2위의 경제 대국이라는 자리를 유지하고 있었지만, 사실 일본은 표류 중이었습니다. 어떻게 하면 좋을지 몰랐던 거죠. 일본인들이 1960년대에서 1980년대까지 30년에 걸쳐 유지해온 '어쨌든 부자가 되자', '우선 부자가 돼서 미국으로부터 독립하자'라는 암묵적 비전을 잃어버린 겁니다. 그러던 중 일본에 고이즈미 준이치로라는 총리대신이 등장했습니다. 그의 인기는 굉장했습니다. 내각 수립 직후의 지지율이 90퍼센트를 넘었습니다. 일본 국민들은 과연 그에게 무엇을 기대한 걸까요? 고이즈미 준이치로가 제

---

*잃어버린 20년: 버블 경제 붕괴 이후 약 20년 이상 경기가 침체된 기간을 말한다. '헤이세이 대불황'이라고도 한다. 최초의 출처는 불분명하나 1999년 일본경제신문출판사에서 펴낸 《세미나 일본 경제 입문》 등에서 사용되기 시작한 것으로 알려져 있다.

교육과 계급: 이·생·망 동지들에게

시한 것은 정치 대국이 되어서 미국과 대등한 관계even partner를 맺자는 전략이었습니다. 돈의 힘으로 국가주권을 회복하는 것이 불가능해졌으니, 이번에는 국제 사회에서의 지위를 높임으로써 세계적인 대국이 되자고 생각한 거죠. 그러나 유감스럽게도 일본에는 국제 사회를 향해 발신할 만한 메시지가 없었습니다. 세계가 어떻게 흘러가야 하는지, 이상적인 국제 사회를 어떻게 구축할 수 있는지, 일본은 이를 위해 무엇을 할 수 있는지 등에 대해 한마디도 할 수 없었던 겁니다. 결국 고이즈미 내각이 세계적인 정치 대국이 되기 위해 선택한 방법은 '미국의 모든 정책을 무조건적으로 지지한다'는 전략이었습니다.

당시 미국의 대통령이 조지 W. 부시라는 역사적으로 손꼽히는 무능한 권력자였다는 점은 고이즈미 준이치로에게 행운이었습니다. 부시 지지율은 30퍼센트도 안 됐고, 그가 제시하는 정책에 대한 국제 사회의 평가 또한 지극히 낮았습니다. 그럼에도 불구하고 부시를 지지한 사람이 바로 고이즈미 준이치로였죠. 부시에게 있어서 고이즈미는 미국의 모

248

든 정책을 지지해주는 극히 예외적이고 고마운, 보기 드문 파트너였습니다. 그리고 미국은 자신의 파트너인 일본이 정치 대국으로 우뚝 서서 국제적 지위를 획득하는 것을 바라게 되었습니다.

2005년, 일본은 미국의 강력한 지지를 받으며 UN 안전보장이사회의 상임이사국에 입후보했습니다. 이들 상임이사국은 중국, 프랑스, 러시아, 영국, 미국의 5개국인데, 이를 확대하여 독일, 일본, 브라질을 추가시키자는 제안이 나왔고 일본이 여기에 응한 겁니다. 이 안은 결국 기각되었는데, 결정적인 이유는 일본의 상임이사국 취임을 지지하는 국가가 아시아에 거의 없었다는 점이었습니다. 한국도 중국도 일본을 지지하지 않았지요. 당시 많은 나라가 일본의 상임이사국 취임에 반대한 이유는 일본이 상임이사국이 되어봤자 미국 표가 하나 늘어날 뿐이기 때문이었습니다. 일본은 어차피 미국에 무조건적으로 찬성할 테니까요. 일본은 미국의 정책을 모두 수용함으로써 어떻게든 상임이사국이 되어보려 했지만, 국제 사회는 미국과 똑같은 말밖에 하지 않는 나라가 상임이사국이 되는 것이 의미가 없다고 판단했습니다. 세계 각국이 모델로 삼고자 하는 리더십이란 나름의 꿈이나 이상을 갖고 이를 실현하고자 노력하는 나라에서 나온 리더십일 겁니다. 강대국에 붙어서 아부하는 나라에서 그런 리더십을 찾을 수 있을 리가 없죠.

이 2005년의 참패, UN 안전보장이사회 상임이사국 진입 실패라는 사건은 일본인에게 있어 또 하나의 트라우마가 되었습니다. 세계 최고의 경제 대국이 된다는 꿈과 굴지의 정치 대국이 되어 많은 나라에게 리더로 존경받는다는 꿈, 두 개의 꿈이 동시에 사라진 겁니다.

그 후 15년 가까이 지났지만, 일본의 경제력이 회복될 기미도 국제적 위신을 확립하고 일본 고유의 리더십을 인정받을 만한 메시지도 보이지 않습니다. 돈도 없고, 미래에 대한 비전도 없습니다. 이것이 지난 15년간 일본의 국력이 급격하게 저하된 원인이라고 저는 생각합니다.

2010년대, 지금으로부터 약 10년 전부터 일본 언론 사이에서 혐한, 혐중 콘텐츠가 넘쳐나기 시작했습니다. 난징 대학살이나 위안부 문제 등의 역사적 사실을 개찬改竄하는 역사수정주의 움직임이 나타나기 시작한 것도 이 시기입니다. 역사수정주의 출현에는 여러 원인이 있고, 독일이나 프랑스 등 유럽 여러 나라에서도 나타났던 현상으로 일본에서만 일어난 특이 현상은 아닙니다. 기본적으로 역사수정주의는 21세기에 들어서며 국민국가라는 개념이 해체되는 과정에서 이를 어떻게든 저지하기 위해 등장한, 굉장히 독성 강한 국민통합 이데올로기라고 생각합니다. 그런데 일본의 경우 여기에 더해 국력의 급격한 저하 속에서 한국과 중국에 뒤처지는 게 아닌가 하는 공포심이 강력한 원동력이 되었습니다. 어느 나라든 정권 말기에는 레임덕lame duck이라 불리는 현상이 나타나 지지율이 저하되고 인기가 떨어지기 시작합니다. 그러면 위정자는 주로 인근 국가에 적대적인 태도를 취함으로써 지지율을 회복하는 전략을 선택하는데, 이런 전략은 실제로 곧잘 효과를 거두기도 합니다. 다만 일본의 혐한, 혐중 현상은 이것만으로는 설명할 수 없는 복잡한 요소가 관여하고 있습니다.

몇 년 전까지만 해도 혐한과 혐중 기사가 거의 동등하게 생산되었는데, 최근 1년 사이에 중국에 대한 혐오 기사는 거의 볼 수 없고 일본 언론은 혐한 기사만 집중적으로 보도하고 있습니다. 얼마 전까지만 해도 중국 경제가 곧 붕괴할 거라든지, 중앙 정부에 의한 국내 통합 실패로 내셔널리즘의 폭주가 일어나 국경 주변에서 무장투쟁이 발생할 거라든지, 중국 공산당의 독재 체제가 끝날 것이라고 주장하는 책이 굉장히 많았는데, 갑자기 모조리 사라진 거죠. 이웃나라를 향한 적대감을 부추김으로써 국민 통합을 꾀하는 전략 자체는 이해할 수 있고, 종종 있는 사례지만 일본처럼 중국에 대한 헤이트 스피치가 갑자기 사라지고 한국에만 집중되는 현상은 기묘하다고 생각합니다.

저는 《Foreign Affairs》라는 미국의 외교전문잡지를 매달 읽고 있는데, 덕분에 최근 2년 동안 미국 언론에서 일어난 중국에 대한 논조의 변화를 뚜렷하게 느낄 수 있습니다. 가장 눈에 띄는 변화는 미국의 외교 관계자들이 중국을 두려워하기 시작했다는 점입니다. 미국이라는 나라는 항상 가상의 적국, 두려워할 존재를 설정해두는 나라입니다. 냉전이 끝나기 전까지는 소련이 그 대상이었습니다. 적색 공포Red Scare라고 하죠. 냉전 후에는 이슬람 국가들이 타깃이었고, 최근 2, 3년간은 명백하게 차이나 스케어China Scare, 중국이 공포의 대상으로 자리 잡았습니다.

앞서 말씀드린 대로 중국은 중앙이 모든 권력을 장악하고 있어서 시진핑의 명령 하나면 민간기업, 대학의 연구원들, 군대까지 모두 나서서 하나의 프로젝트에 뛰어들 수밖에 없는 구조입니다. 미국에서는 이런 일이 불가능하죠. 민간기업은 사기업으로서 자사의 이익을 추구하고, 학자들은 자신이 원하는 연구를 하며, 병기산업체는 군수사업을 통해 나름의 이익을 추구합니다. 민간기업과 학자, 병기 산업체가 국방장관의 지시 아래 하나의 프로젝트에 참가하는 건 있을 수 없는 일입니다. 미국의 어느 군사전문가는 A.I.의 군사적

253

활용이라는 측면에서 미국은 이미 중국에게 추월당했음을 인정했으며, 2017년에는 랜드 연구소RAND Corporation*에서 다음에 전쟁이 일어나면 미국이 패배할 것이라는 예측을 내놓았습니다. 미국은 지금도 변함없이 미사일이나 전투기, 항모 등의 통상병기나 핵병기 양으로는 세계 최대 규모이지만, 이를 통솔하는 컴퓨터 시스템의 보안은 취약한 편입니다. 더욱이 이런 시스템을 깨는 기술에 관해서는 중국이 이미 미국을 능가했습니다. 미국의 통합참모본부장은 지금 그대로의 전략, 군략을 고수하면 양적으로도 질적으로도 중국에 패배할 거라는 예상을 내놓기도 했습니다. 이런 발언에는 자기들이 좀더 많은 예산을 끌어오기 위한 정치적 의도도 포함되어 있으므로 있는 그대로 신용할 수는 없겠지만요. 어쨌든 최근 1, 2년 동안 '중국은 무섭다'는, 중국이 미국을 군사적으로 압도하기 시작했다는 공포심을 부채질하는 군사전문가들의 발언을 백악관이나 의회 등에서 공식적으

---

*랜드 연구소: 미국의 대표적인 싱크탱크 중 하나. 미국 방산 재벌 맥도넬 더글라스의 전신인 더글라스 항공에서 설립했으며, 군가 문제에 관한 연구에서 세계적인 권위를 인정답고 있다. 1600명 이상의 직원을 둔 대규모 싱크탱크다.

로 보도하기 시작했다는 것은 분명합니다.

일본의 주요 정책을 결정하는 것은 미일공동위원회라는 미군 대표와 일본 관료들이 모여 정책에 대해 논의하는 회의인데, 이게 기본적으로 일본의 정책 결정기관이라고 할 수 있습니다. 이 회의의 미국 측 대표가 대사가 아닌 주일미군 사령관입니다. 따라서 최근 퍼지기 시작한 미군 내의 중국을 향한 공포심이 그대로 일본 관료들에게도 전염되었습니다. 이렇게 미군을 통해 전해진 중국에 대한 공포는 일본의 정치가와 고위 관료, 언론으로 퍼지며 위에서 아래로 침투했습니다.

헤이트 스피치라는 건 기본적으로 상대를 얕잡아보기 때문에 할 수 있는 행위입니다. 그것이 갑자기 사라진 것은 상층부로부터의 구체적인 지시가 있었기 때문이 아닌 역사수정주의자들을 포함한 대부분의 일본인에게 중국에 대한 공포가 퍼졌기 때문입니다. 흥미로운 점은 이 공포심이 '중국은 굉장하다'라는 감정으로, 동경으로 변하고 있다는 겁니다. 중국은 독재 정치와 시장경제의 조합이라는 전례 없는 독특한 통치 구조를 취하고 있는데, 이게 극적인 성공을 거두고 있습니다. 이에 따라 독재 체제와 시장경제가 사실 아주 궁합이 잘 맞는 게 아닐까 하는 생각을 품는 사람도 전 세계적으로 늘어났습니다.

일본의 자민당 정권은 명백하게 독재 지향, 신자유주의 경제 지향입니다. 따라서 사실 자민당 정치가들의 마인드는 기본적으로 중국에 가깝다고 볼 수 있습니다. 일당 독재 체제, 즉 우두머리가 모든 것을 정하며 군대, 관료, 학자, 언론을 전부 지휘하는 체제 내에서 시장 경제를 통해 경제 성장을 추구한다는 중국식 아이디어는 아마 지금도 일본의 꽤나 많은 보수 정치가, 재계인, 언론인으로부터 암묵적 지지를 받고 있을 거라 생각합니다. 중국 모델이 성공하고 있으니 따라 해도 괜찮지 않겠냐는 생각을 내심 품고 있는 거죠. 이들을 매우 난처하게 하는 사례가 하나 있습니다. 바로 한국입니다. 중국은 강권적인 독재 정치와 시장경제의 조합으로 극적인 성공을 이루어냈는데, 똑같은 이웃나라인 한국에서 완전히 반대로 시민의 손에 의한 민주화를 이룩하고 민주화와 시장경제의 조합을 통해 중국만큼은 아니지만 일본보다는 명백히 월등한 성공을 거머쥐었습니다. 사실 이렇게 생각하는 사람은 별로 없지만, 일본인들의 눈앞에는 두 가지 성공 모델이 주어진 것입니다. 중국 모델과 한국 모델 말입니다.

사실 독재 체제와 시장경제의 융합이라는 모델은 이미 일본이 경험한 적이 있습니다. 대일본제국 시절이 그랬죠. 반면 독재정권에서 시민들의 손으로 민주화를 달성하는 과정에서 자본주의 경제를 통해 성장한 경험은 일본에게 없습니다. 말씀드린 대로 일본은 근 30년 동안 극도의 국력 저하를 경험하고 있으며, 무언가 방법을 찾아야 한다는 사실은 누구나 알고 있습니다. 그런 상황에서 일단 눈앞에 있는, 같은 동아시아의 이웃나라인 중국과 한국의 성공 모델을 모방하는 것은 지극히 당연한 행위입니다. 이때 일본인들은 '어느 쪽을 택할 것인가?'라는 선택의 기로에 서게 됩니다.

일본인들은, 적어도 아베를 비롯한 일본의 우익 정치가와 관료, 재계인과 언론 일부는 중국 모델을 선택했습니다.

교육과 계급; 이·생·망 동지들에게

아베의 정치 전략을 살펴보면, 외교적으로는 모두 미국의 결정에 따르며 일본의 독자적인 외교는 전혀 시행하지 않고 국내로는 일본을 중국화하는, 민주제에서 독재 체제로 이행하는 개헌을 진행하고 있습니다. 미국이라는 나라는 기본적으로 동맹국에게 민주제를 강요하지 않으며, 미국의 뜻에 따르기만 하면 통치 형태가 독재든 아니든, 얼마나 부패했든 일절 상관하지 않는다는 사실은 베트남의 괴뢰 정권이나 필리핀, 인도네시아, 칠레, 일본, 한국 등의 사례를 봐도 명백합니다. 민주적인 정치 체제는 동맹국의 조건이 아니며, 미국의 말만 잘 들으면 국내 통치를 어떤 형태로 하든 관여하지 않는 겁니다. 오히려 그 나라의 이익에 반하는 요구도 무리해가며 추진할 수 있는 강권적인 독재 체제를 선호할 수 있습니다.

이런 상황을 고려해보면 지금 일본에서 이상할 정도로 만연한 혐한 감정, 특히 정부가 솔선해서 부추기고 있는 혐한 운동이 단순히 정서적인 문제가 아니라 나라의 방향성을 정하기 위한 국가 전략이라고 분석할 수 있습니다. 따라서 일본의 언론이 '한국은 민주화에 실패했다'거나 '경제가 붕괴했다', '문재인 대통령이 국민의 지지를 잃고 있다', '한국인들이 이분화되고 있다'는 등의 혐한 언설을 필사적으로 보도하는 것은 민주화와 시장 경제의 조합으로는 성공할 수 없다는 메시지를 일본 국민에게 전하기 위함입니다.

## 대한민국 부정하기의 속사정

한국의 시도가 전부 실패한다는 것은 상식적으로 있을 수 없는 일입니다. 잘되는 부분도 안되는 부분도 있는 것이 세상의 이치입니다. 그런데도 '모조리 실패하고 있다'는 식으로 선전하는 것은 무엇인가 저의가 있기 때문입니다. 한국을 전면 부정해야만 하는 이유가 있다는 거죠.

얼마 전 한국에서 '조국 사태'가 일어났을 때도 일본에서는 하루 종일 조국 관련 보도만 계속했습니다. 그만큼 한국의 정치에 문제가 있다는 사실을 국민에게 주입하고 싶었던 거죠. 거의 동시에 홍콩에서 일어난 민주 시위에 대한 기사는 극단적으로 적었습니다. 아무리 생각해도 한국 법무장관의 스캔들과 홍콩의 시위는 세계사적인 레벨에서 그 중요도가 완전히 다릅니다. 그런데도 한국 정치가 삐걱인다는 보도는 열심히 하면서 중국의 홍콩 통치가 제대로 이루어지지 않는다는 보도는 최소한으로만 한 겁니다. 더욱 무서운 것은 위로부터 지시가 내려와서 그런 일을 하는 게 아니라 무의식적으로, 스스로 이런 일을 하고 있다는 점입니다. 일본인들이 아무런 근거도 없이 한국을 향한 증오심을 표출하는 것처럼 보이겠지만, 미워하는 쪽에는 그럴 만한 필연적인 이유가 있을 수밖에 없고, 일본의 경우 그 필연성이란 앞으로 한국과 중국 중 어떤 나라를 목표로 할지 정해야하는 시점에서 과거 식민지였던 한국을 롤모델로 삼는다는 선택지에 대해 품고 있는 강렬한 거부감일 것입니다.

저는 이런 혐한 현상이 그리 길게 이어지지 않을 거라 봅니다. 아마 2, 3년 내로 일본과 한국의 1인당 GDP가 역전될 것입니다. 일본은 계속 감소 중이고 한국은 다소 오르내림은 있지만 전반적으로 상승세를 보이고 있으니 그래프가 교차하는 것은 시간문제입니다. 지금 일본의 상태를 보면 경제가 회복될 전망은 제로입니다. 한국과 일본의 경제력이 역전되면 이번에는 일본인들의 마음속에 한국에 대한 공포가 싹틀 것입니다. 그와 동시에 한국에게 뒤처지는 부분을 지적하며 한국을 본받아야 한다는 주장을 하는 사람들이 각 분야에서 나타날 것입니다.

이상하게 들릴지 모르지만, 일본의 혐한 언설이나 혐한 운동을 억제하기 위한 가장 효과적인 방법은 한국이 성공하는 겁니다. 한국이 성공한다면 꽤 많은 일본인이 한국에게 배워야 한다는 말을 꺼낼 겁니다. 일본인들에게는 굉장히 힘든 일일 겁니다. 일본은 시민의 힘으로 독재 정권을 타파하고 민주화를 쟁취한 경험이 없으니까요. 일본이 민주국가라고는 해도 일본의 민주주의는 패전 후 미국이 정한 헌법을 토대로 다시 세운, 외국으로부터 주어진 민주주의입니다. 시민들 스스로의 힘으로 쟁취한 민주화가 아닙니다. 따라서 일본이 이후 자력으로 민주화를 달성하는 것은 지극히 어려운 일일 겁니다. 현재 정권을 잡고 있는 사람들은 비민주화, 독재의 방향으로 나아가고자 하고, 좌익에서는 민주

261

주의를 지키자고 말하고는 있지만 이들이 말하는 민주주의
는 스스로 쟁취한 민주주의가 아니라 미국이 부여해준 민
주주의이기 때문입니다. 처음부터 스스로의 피와 땀으로 만
들어낸 것이라면 어떻게 보호하고 성장시키고 활용할지 감
을 잡을 수 있겠지만, 남이 부여한 민주주의로는 75년이 지
나도 민주주의가 무엇인지조차 이해할 수 없습니다.

일본은 줄곧 자신들이 아시아에서 가장 선진적인 민주
국가이며, 중국이나 한국, 대만 등은 모두 민주화 수준이 떨
어지는 나라라는 믿음을 갖고 있었습니다. 1980년대까지만
해도 대부분의 일본인은 일본이 아시아에서 가장 민주적인
나라라고 생각하고 있었습니다. 당시에는 실제로 그랬을 겁
니다. 그런데 이게 사실 굉장히 취약한 민주주의였던 거죠.
제 품을 들이고 피땀을 흘려 쟁취한 것이 아닌, 남에게 부여
받은 민주주의는 지켜지기 어렵습니다.

제가 한국에 부탁하고 싶은 것은 일본인들 사이에 한국
을 본받자는 의식이 싹트도록 민주화와 시장경제의 조합을
통한 성공 모델을 앞으로도 계속 제시해달라는 것입니다. 교

육을 포함한 여러 분야에서 한국이 일본보다 앞선다는 것을 보여주셨으면 합니다.

## 한국이 따를 만한 일본 교육 모델은 없다

제가 한국에서 강연할 때면 항상 교육 문제를 주제로 삼아서 그런지 대체로 교사들이 찾아오셔서 한국 교육이 이렇게 힘든 상황이라고, 어떻게 하면 좋을지 알려달라고 말씀하십니다. 처음에는 몇 가지 제안도 해보았습니다만, 몇 년 동안 꾸준히 방문해 한국의 교육실태를 확인하면서 한국이 일본보다 훨씬 낫다고 생각하게 되었습니다. 현재 일본에서 실제로 행해지는 교육 시스템 중에 한국이 모델로 삼을 만한 것은 없습니다. 물론 기노쿠니 학교*나 슈타이너 학교**, 자유학원*** 등 몇몇 독립적인 대안학교가 있으며 훌륭한

*기노쿠니 학교木の国学校: 일본 오사카 와카야마 현에 위치한 산중 대안학교. 서머힐 정신과 듀이의 교육방법론을 접목한 새로운 대안학교로 학년 구분없이 진행되는 프로젝트 체험학습이 특징이다. 모든 학사 운영이 아이들의 개성에 따라 자기 결정으로 이루어진다.
**슈타이너 학교: 20세기 초 오스트리아의 인지학자 루돌프 슈타이너Rudolf Steiner가 제창한 발도르프 교육에 기반한 대안학교의 총칭. 남녀공학, 에포크 수업, 성적 없는 성적표, 교과서 없는 수업, 자치 행정 등이 특징이다.
***자유학원: 생활과 유리된 교육환경을 극복하고자 설립된 대안학교로 생활 자체를 통한 종합 교육을 지향한다. 다섯 명의 학생으로 구성된 가족 단위의 운영이 특징이다.

263

제 품을 들이고 피땀을 흘려 쟁취한 것이 아닌,

남에게 부여받은 민주주의는

지켜지기 어렵습니다.

개별 사례로 참고할 만하겠지만 이건 일본의 교육이 아닙니다. 솔직히 현재 일본의 공교육은 괴멸 상태입니다. 특히 2006년 아베 신조가 처음으로 내각 총리대신에 취임했을 때 설립한 교육재생회의라는 조직과 이후 이름만 바꾸어 다시 설립한 조직을 통해 아베 정권은 두 차례에 걸친 거대한 교육 제도상의 변화를 추진했습니다. 앞서 말씀드린 대로 아베 정권은 비민주적인 독재 체제를 목표로 하고 있습니다. 따라서 일부 지도자나 관료, 부유층에게 모든 부와 권력, 정보, 문화적 자원을 집중시키고 나머지 국민에게는 노동과 소비 활동만 요구하는, 지극히 단순하며 전근대적이고 강압적인 시스템을 구축하려 하고 있습니다. 이러한 전근대적 시스템으로 회귀하고자 하는 지도자들이 있고, 상당수의 국민이 그들을 지지하는 것은 상당히 기묘한 현상이라고 생각합니다. 일본인이 이러한 방향을 취하게 된 원인 중에는 한국에서도 똑같이 나타나고 있는 것들도 있습니다. 한국은 절대로 일본과 같은 길을 걸어서는 안 됩니다.

## 농업형 교육 vs 공업형 교육

일본에도 교육이 나름대로 잘되던 시기가 있었습니다. 제가 공교육을 받았던 1950년대는 일본이 군국주의에서 민주주의로 막 이행하던 시기였고, 교사들은 민주주의에 대한 지식을 갖추지 못한 상태에서 민주적으로 교육해야 했습니다. 어떻게 가르쳐야 하는지 몰랐던 당시 교사들은 '민주주의는 아이들 마음대로 하게 해주는 것'이라는 식으로 생각하고 아이들에게 상당한 자유를 보장해주었습니다. 동시에 1950년대는 일본 노동자의 50퍼센트가 농업에 종사하던 시대입니다.

인간은 보통 자신에게 익숙한 사회적 모델을 다른 분야에도 적용하려 합니다. 일본에서는 에도 시대부터 1950년대까지만 해도 농업이 주력 산업이었기 때문에 모든 사고나 육아, 교육 등의 사회적 활동 또한 농업의 메타포로 이해했습니다. 이때 교육에 가장 자주 적용된 메타포가 '씨앗을 뿌리고, 물을 주고, 비료를 주고, 햇볕을 쪼면서 비바람이나 해충으로부터 보호하다 보면 가을이 오고 과실을 맺는다'는 것

266

이었습니다. 농작물을 기를 때 인간이 할 수 있는 일은 한정되어 있습니다. 나머지는 전부 자연에 맡겨야 하죠. 가을에 수확할 수 있으면 우선 다행이라고, 일단은 당장 먹을거리가 생겨 걱정을 덜었다고 느끼는 것이 농업인의 감각입니다.

이런 농업적 교육관에는 매우 훌륭한 부분이 몇 가지 있다고 생각합니다. 첫 번째가 농부, 즉 교사가 할 수 있는 일이 한정적이라는 자각이 있다는 점입니다. 교육은 교사가 통제할 수 없는 다양한 요소가 관여해서 결과가 나옵니다. 씨를 뿌리는 단계에서는 기본적으로 어떤 결과가 나올지 예측할 수 없으니 수확물을 '하늘의 은혜'로 여기며 감사히 받게 됩니다. 제가 받았던 학교교육 중 좋았다고 생각한 부분들은 교사들의 '농업적 교육관' 덕분에 보장될 수 있었던 게 아닐까 생각합니다.

그런데 어느 시점부터 일본의 이러한 교육관이 일변하기 시작합니다. 사회의 산업 구조가 변했기 때문입니다. 언제부터인가 대다수의 노동자가 회사 또는 공장에서 노동하게 되면서 주요 산업이 농업에서 공업으로 이동했습니다. 그 결과 사람들은 '상품을 만든다', '가치 있는 물건을 생산한 다', '공장에서 공정을 따라가다 보면 제품이 완성된다'는 사고방식을 기본 메타포로 삼아 교육을 논하게 되었습니다.

공장 생산과 농업 생산은 근본적으로 다릅니다. 공장의 경우, 생산을 시작하는 시점에서 완성품의 사양이 결정됩니다. 모든 공정을 완벽하게 관리할 수 있는 상태가 공업의 이상적인 형태죠. 농작물의 경우, 다양한 자연 현상, 기후 변화나 병충해 등 인간이 통제할 수 없는 요소에 의해 생산 과정이 흐트러지기 마련인데, 농업에서는 당연하게 여겼던 이런 부분이 공업에서는 용납할 수 없는, 일종의 버그입니다. 공업 생산 모델을 학교교육에 적용하는 게 가능할까요? 교육에는 아이의 가정환경이라든지 교우관계, 사회 상황이나 경제, 사상, 종교 등 다양한 외적 요소가 여전히 관여할 수밖에 없습니다. 그런 상황이다 보니 아이들이 정해진 공정으로부터 탈선하는 일이 곧잘 일어나겠죠. 공업 생산의 메타포에서는 이런 아이를 '불량품'이라고 부릅니다. 예측 불가능한 농업과 달리 공업에서는 생산 시작 시점에서 결과를 예측할 수 있어야 하고, 모든 공정을 관리해야 하므로 중간 과정에 관여하는 요소는 최소화해야 할 버그로 취급됩니다. 그런데 상품이라면 몰라도 살아 있는 생물, 인간을 대상으로 할 때 어느 쪽의 메타포가 더 적합한지는 생각할 필요도 없는 문제입니다.

한국에서도 교육공학의 측면에서 교육을 논하는 사람이 많아지고 있을 거라 생각합니다. 일본에서도 학습자의 품질 보증, 그러니까 학습자의 지성을 수치화하는 일종의 견적서를 요구하는 풍조가 생겼습니다. 교육을 시작하는 단계에서 수료자의 스펙을 보장하는 것은 완전히 공학적인 발상입니다. 한국에도 FD(faculty development, 교사역량 강화)라는 시스템이 있는 걸로 압니다. Faculty는 교수단을 의미하는데, 개개의 교원에게 교육을 맡기는 것이 아닌 교사 전체를 하나의 공장으로 취급하며 그 생산성을 높이고자 하는 시스템입니다. PDCA 사이클 같은 것도 있습니다. 계획하고 Plan, 행동하고Do, 평가하고Check, 개선하는Act 업무 사이클을 말하는데, 일본에서 10년쯤 전부터 유행하고 있는 공업적 품질관리 시스템입니다. 이건 공장에서, 공업 제품 생산 과정에서 사용되는 모델이며 오늘날의 주요 산업에 맞는 시스템이 아닙니다. 교육공학 모델은 명백히 시대에 뒤떨어집니다. 현재 주력이 되는 경제활동 모델, 실제로 가치 있는 상품을 생산하고 있는 모델은 중심hub 없이 각각의 자율적인 네트워크를 구성하며 생산 활동을 하는 형태입니다. 아마 30년쯤 지나면 학교교육에서도 이런 메타포가 활용될 거라 생각합니다. 그때는 또 세상이 바뀌어 이 모델 또한 뒤떨어진 발상이 될지도 모르겠지만요.

결론적으로, 지금의 주력 산업 모델을 토대로 교육모델을 설계하는 방식 자체가 잘못된 겁니다. 학교교육이라는 시스템은 몇만 년 전부터 시작되었고, 극히 최근까지 기본적으로 농업의 메타포를 유지해왔습니다. 애초에 농업이 주요 산업이었던 시대에 교육 모델로서 설계된 것이 학교라는 제도입니다. 이걸 바꾸려면 학교라는 제도 자체를 그만두어야 합니다. 시대착오적으로 들리겠지만, 학교교육의 본질을 되찾으려면 다시 한번 농업의 메타포로 돌아가야 합니다.

인간이라는 생물은 항상 가장 가까운 성공 모델을 모방하여 사회제도를 개혁하려고 합니다. 하지만 하나의 분야에서 성공한 모델이 다른 분야에서도 성공할 거라는 보장은 어디에도 없습니다.

앞서 말씀드린 것처럼 전근대적이고 강권적인 비민주 모델, 소수의 지도층이 모든 것을 쥐고 나머지를 부려먹는 시스템에 많은 일본인이 지지를 보내며 따르는 이유는 그게 이전 시대에 성공을 거둔 주식회사 모델이기 때문입니다. 아시겠지만 주식회사는 우두머리, CEO가 모든 것을 정하는 구조로 이루어져 있습니다. CEO가 어젠다를 결정하고, 여기에 반대하는 사람들은 쫓겨나며 전면적인 지지를 보내는 사람들이 등용됩니다. 이런 어젠다, 경영 방침의 결정은 CEO만 내릴 수 있고, 기타 구성원의 합의 결정 과정은 이루어지지 않습니다. 사장이 모든 사원을 모아놓고 경영 방침을 의논하는 회사는 존재하지 않습니다. 주식회사구조에서는 기본적으로 우두머리가 모든 것을 결정합니다. 주식회사는 조직 내 합의가 필요 없는, 궁극적인 비민주 조직입니다.

한 세기 전 존재하던 농업 공동체에서의 의사 결정 과정은 주식회사와 완전히 달랐습니다. 일단 급하게 결정해야만 하는 사안 따위가 없었습니다. 기본적으로 작년과 똑같은 일을 반복해서 작년과 똑같은 결실을 수확할 수 있다면 100점이니까요. 아주 중요한 결정이 필요하더라도 얼마든지 시간을 들여 정할 수 있었습니다. 말 잘하는 한 명이 주변 사람들을 모조리 논파하고 자신을 따르게 하는 경우가 없었습니다. 51대 49로 의견이 나뉘면 다수결에 따라 나머지 49퍼센트를 무시하는 의사 결정 과정도 없었습니다. 최종적으로 모두가 합의할 때까지 계속 논의할 수 있었으니까요. 일본인이 생각하는 민주제도는 이 정도였습니다.

현재는 주식회사 모델이 지배적인 이데올로기가 되었으므로 대부분의 젊은 일본인은 그냥 '그렇구나, 세상이 이런 거지, 뭐'라며 아베 정권의 독재를 납득해버립니다. 아베가 목표로 하는 국가의 형태가 기본적으로 자기가 다니는 회사와 똑같으니까요. 총리가 모든 권력을 갖는 형태에 대해 '그게 뭐가 문젠데?'라며 오히려 반문합니다. 민주적인 조직을

272

가정에서도, 학교에서도, 동아리에서도, 아르바이트 하는 곳에서도, 취직한 회사에서도 보지 못한 사람들, 다 같이 의논하고 합의하는 과정을 태어나서 단 한 번도 경험한 적이 없는 사람들이 지금 일본 국민의 과반수를 차지하고 있습니다. 물론 주식회사를 모델로 사회제도를 설계했을 때 잘되는 부분, 좋은 부분도 있습니다. 하지만 국가라는 조직은 주식회사 방식으로 운영할 수 없습니다. 2002년 미국 대통령 선거 때 조지 W. 부시는 대통령이 된다면 국가를 주식회사처럼 운영하겠다고 했습니다. 자신의 롤모델은 케네스 레이라는 기업가라면서, 그가 기업 엔론Enron을 경영한 것처럼 미합중국을 경영하겠다고요. 엔론은 사상 최악의 도산을 한 회사로 유명합니다. 케네스 레이는 자신의 회사가 도산할 것이라는 정보를 얻자마자 본인 소유의 주식을 전부 매각해 막대한 개인 재산을 손에 넣고 도망쳤지요. 이건 주식회사의 CEO 입장에서는 합리적인 행동입니다. 회사가 망하든 말든 주식을 산 사람들만 손해고, 주식 투자로 돈 벌려 한 사람들 잘못이니 CEO가 알 바 아닌 거죠.

주식회사라는 형태는 유한책임 체제입니다. 도산하면 끝이고, 경영자는 그 이상 책임을 추궁당하지 않습니다. 그런데 국가의 도산이란 있을 수 없는 일입니다. 지도자의 실수로 국부를, 국토를, 주권을 잃고 국가가 붕괴한 다음에 '죄송하다'는 말로 끝낼 수는 없으니까요. 주식회사는 경영 방침이 잘못되더라도 도산하면 끝이지만 국가 정책이 잘못되었을 경우 나라가 갑자기 사라지는 것이 아니니 국민 모두가 수십, 수백 년에 걸쳐 그 대가를 치러야 합니다. 국가는 무한책임입니다. 그러므로 주식회사를 모델로 지자체나 학교, 국가 등의 제도를 설계해서는 안 됩니다.

지금 한국 교육계에도 주식회사 모델을 기반으로 학교 교육을 운영하자고 주장하는 사람들이 있을 것입니다. 그건 틀렸다고, 잘못되었다고 분명하게 말해야 합니다. 실패한 나라 사람의 조언 따위, 듣고 싶지 않다는 분도 있을지 모릅니다. 하지만 실패로부터 배울 수 있는 게 많습니다. 일본의 학교교육은 실패했습니다. 그 실패로부터 제가 배운 것을 말씀드렸습니다.

## 질의/응답

**Q1.** 선생님의 농업과 자연 모델 교육 이야기가 가장 감동적이었습니다. 일본 공교육 속에서 배울 게 없다고 말씀하셨지만 사토 마나부 선생님의 배움의공동체가 한국에도 굉장히 좋은 영향을 주고 있습니다. 사토 마나부 선생님은 민주주의에 기초한 교육을 이야기하시며 아이들을 계획에 따라 만들어내는 것보다 교육 자체를 디자인해서 거기서 어떤 아이가 나올지 모르는 교육을 하자고 말씀하셨습니다. 이처럼 일본에서도 배움의공동체 같은 변화의 움직임이 있는데, 여기에 대해 우치다 선생님은 어떻게 생각하시는지 듣고 싶습니다.

**A1.** 사토 마나부 선생님은 제가 존경하는 분이고, 개인적으로 친분도 있는 사이입니다. 전에 사토 마나부 선생님이 한숨을 쉬시며 자신의 교육이론은 한국이나 베트남, 대만 같은 다른 동아시아 국가에서는 큰 지지와 환영

275

교육과 계급; 이·생·망 동지들에게

을 받고 있어서 어떤 나라에서는 국가 정책으로 채택하기까지 했는데, 이상하게도 정작 일본에서는 잘 안된다고 말씀하신 적이 있습니다. 이 한마디면 설명이 될 것 같습니다.

Q2. 한국이 일본을 오랫동안 모델로 삼거나 극복하기 위해 노력했다는 점에서 일본 같은 이웃나라가 있다는 사실에 감사하고, 앞으로도 좋은 이웃이 되었으면 합니다. 선생님께서 일본 교육은 엉망이라는 말씀을 하셨는데, 저도 동감이라 너무 반가웠습니다.

《Global Teacher Status Index》라는, 전 세계 교사들의 사회적 지위를 연구한 책에 의하면 일본 교사들의 사회적 지위가 세계에서 가장 낮다고 합니다. 그런데 일본의 철저하게 서열화된 교육 시스템은 어찌 보면 우리나라가 추구하는 신자유주의적 모델이 아닐까 싶기도 합니다. 최근 한국 교육청에서는 다양한 특수목적고등학교를 일반고로 전환하겠다고 했습니다. 어찌 보면 일

276

본이나 한국이나 똑같은 개인주의 사회이고, 그런 점을 고려하면 학교 서열화와 학생 등급화의 일본식 교육 모델이 적합해보이기도 합니다.

지금 한국은 정책적으로는 교육 기회 균등을 목표로 달리면서 개인적으로는 사교육에 몰두하고 있습니다. 일본과 비슷한 경제적·사회적 배경을 가진 한국에서 교육 기회 균등을 지향하는 움직임이 과연 성공할 수 있다고 보시는지 여쭙고 싶습니다.


**A2.** 한국이 어떻게 될지는 저도 확답하기 어렵습니다. 다만 일본의 경우 계층화된 교육이 점점 심해지고 있습니다. 얼마 전에는 문부과학성 대신이 민간 영어 시험을 도입하겠다는 말을 하면서 경제적 격차가 시험 결과에 반영되는 게 당연하다는 식의 발언을 했습니다. 교육의 기본 사상을 부정하는 발언입니다. 부유한 사람에게는 다양한 기회가 주어지고, 가난한 사람에게는 기회조차 없다는 거니까요. 문부과학성은 애초에 모든 국민의 평

등한 교육 기회를 목표로 설립된 기관인데, 그 목표를 스스로 부정한 것입니다. 이런 사람이 장관에 임명되는 게 지금의 일본입니다.

일본의 교육 계층화를 가장 단적으로 보여주는 것이, 지도층이나 부유층 자녀들이 일본 학교에 다니지 않는다는 사실입니다. 중학교부터 외국 학교를 다니며 대학은 해외 명문대에 보냅니다. GDP 대비 공교육 지출이 적은 것도 당연합니다. 예산을 정하는 인간들의 자녀가 일본 학교를 다니지를 않으니까요. 참 슬픈 이야기입니다만, 부잣집 아이들은 더이상 도쿄대 따위 가려 하지 않습니다. 일본 최고의 대학인데 말이죠. 가난하지만 공부 잘하는 아이들이나 다니는 학교라는 인식입니다.

안타깝게도 일본의 교육행정은 아무리 생각해도 학교교육을 파괴하려는 방향으로 나아가는 것으로밖에 보이지 않습니다. 지금 일본의 학교교육은 기본적으로 우민화교육입니다. 통치하기 쉬운, 어리석고 관리하기 쉬운 인간을 만드는 것이 목표입니다.

지금 일본의 학교에서 가장 높게 평가받는 덕목이 예스맨십입니다. 윗사람의 말이 부조리하더라도 무조건 '네'라고 답하는 연습을 어릴 적부터 하고 있는 겁니다. 지금 일본은 예스맨 외에는 출세하지 못하는 구조가 되었습니다. 어느 조직이든 예스맨만 위로 올라갈 수 있는 구조입니다. 그러다 보니 조직이 쇠락하는 것도 당연합니다.

예스맨 양성이라는 측면에서는 일본이 성공했다고 볼 수 있습니다. 지난 30년간 일본의 학교교육은 예스맨의 양성을 최우선 과제로 삼았습니다. 생각하지 않는 사람, 윗사람의 생각에 반박하지 않는 사람, 특히 무의미한 작업을 견딜 수 있는 능력이 있는 사람을 높게 평가했습니다. 일본 기업에서 학생들에게 요구하는 것은 즉시 전력으로 활용할 수 있는가의 여부입니다. 여기에 필요한 것은 지식도, 기술도 아닌 윗사람의 말에 '네'라고 답하는 능력입니다. 이런 인간을 양성한다는 점에서 일본은 역사적인 성공을 거두었습니다.

# 어른을 찾습니다

요 몇 개월, 한일관계가 역사상 최악의 수준에 이르렀습니다. 외교도 경제도 관계가 극으로 치닫는 이런 상황에서 시민들의 네트워크로 이런 자리를 마련하고, 저를 초대해주셔서 정말로 감사합니다. 저는 정부 간의 관계, 경제 관계가 어떻든 시민과 시민의 연계에는 영향받지 않는다고 생각하고, 한일관계가 21세기 동아시아의 평화를 위해 필수불가결한 요소라고 생각하기 때문에 앞으로도 미력하나마 시민 연대의 유지를 위해 노력하고 싶습니다. 어제도 서울에서 '교육

과 계급'이라는 제목으로 강연했는데, 강연 전에 한일관계
가 악화된 이유에 관한 질문을 받았습니다. 그 질문에 대답
하는데만 45분이 넘게 걸려서 시간을 많이 잡아먹었습니다.
그러니 오늘은 이 이야기는 생략하도록 하겠습니다. 궁금하
신 분들은 가능하면 어제 강연을 찾아서 들어봐주시길 바
랍니다.

## 일본은 퇴보의 길을 걷고 있다

아까 뒤쪽에서 "I'm looking for role model in my
neighborhood"라는 문구를 봤습니다. 멋진 말이라고 생각
합니다. 주변 나라에서 롤모델을 찾아야 하는 상황은 일본
도 마찬가지입니다. 현대 일본에게는 두 가지 롤모델이 있습
니다. 바로 중국과 한국입니다. 일본인들이 말로 공공연하게
표현하지는 않지만, 무의식중에 이웃 두 나라의 성공 모델
을 강하게 의식하고 있습니다.

일본은 과거 30년간 경제적으로도 외교적으로도 문화
적 발신력에 관해서든, 모든 측면에서 퇴보의 길을 걷고 있

습니다. 알기 쉽게 수치로 설명하자면, 1988년 일본의 1인당 GDP는 세계 2위였습니다. 30년이 지난 2018년 일본의 1인당 GDP는 세계 26위였습니다. 극적인 경제력 저하를 경험하고 있는 겁니다. 지금의 아베 정권이 모든 경제 정책에 실패하고, 외교 정책도 국내 정책도 실패하고 있으니 앞으로도 경제력이 계속 떨어질 것이 분명합니다. 현재 한국의 1인당 GDP가 31위입니다. 일본이 2위에서 26위로 추락할 동안 한국은 상당히 낮은 순위에서부터 31위까지 올라온 것입니다. 앞으로 수년 내에 일본과 한국의 1인당 GDP가 뒤바뀔 것입니다. 통계적으로 봤을 때 일본은 명백하게 실패했고, 한국과 중국은 성공했다고 볼 수 있습니다.

이런 상황에서 실패한 국가는 당연히 인접한 나라의 성공 사례를 롤모델로 삼는 것이 현명합니다. 중국의 경우는 일당독재 체제와 시장경제의 융합이라는 모델입니다. 일당독재라는 정치 형태와 시장경제를 결합시켜서 역사적으로도 전례가 없을 정도의 극적인 성공을 거두고 있습니다. 한편 한국은 미국의 점령 체제에서 시작해서 군부독재 체제

283
어른을 찾습니다

를 거쳐 시민운동을 통해 민주화를 달성했습니다. 현재 한국은 역사상 최고로 민주적인 사회를 향하고 있는데, 이렇게 자력으로 달성한 민주 사회와 시장경제의 결합이 중국만큼은 아니지만 극적인 성장을 보여준 성공 모델입니다. 일본이 국력을 회복하기 위해서는 이 두 가지 모델 중 하나를 채택해서 모방할 수밖에 없는 상황인데, 문제는 '한국 모델은 따라 하고 싶지 않다'는 마음이 일본인들 사이에 강하게 자리 잡고 있다는 점입니다. 한국을 롤모델로 삼아 한국의 성공 사례를 모방하며 일본의 시스템을 재구성하는 행위 자체에 굉장히 강한 심리적 저항을 느끼는 거죠.

중국은 일본의 열 배에 달하는 인구를 갖고 있고, 일본과는 완전히 다른 일당 독재라는 굉장히 강권적인 정치 체제를 유지하고 있지요. 그런데도 현재 일본의 정치는 '시스템의 중국화'를 목표로 삼고 있습니다. 아베 정권은 다양한 정책을 통해 공모제 처벌이라든지 안전보장 관련법의 개헌 등 일련의 체제 개혁을 진행하고 있는데, 목표는 하나입니다. 독재로 가는 거죠. 현재 일본에서는 독재 체제로의 이행이 순조롭게 진행되고 있습니다. 민주제의 기본은 삼권분립인데, 현재 일본의 입법기관, 즉 국회의 권위는 극도로 저하되었고 사법기관은 실질적으로 행정부의 지배 아래 있어 행정부를 견제할 힘이 없습니다. 더욱이 제4의 권력인 미디어또한 완전히 정부에게 통제되어 나날이 언론의 자유, 표현의 자유가 억압되어가는 것이 일본의 현실입니다. 이렇게 국민의 기본적인 인권을 침해하는, 시민으로서의 권리와 자유를 빼앗는 정권에 여전히 절반에 가까운 국민이 지지를 보내고 있습니다. 그 이유는 정부, 상층부부터 최하층까지 모든 국민이 '중국에게 졌다'는 의식을 공유하고 있기 때문입니다. 졌을 때 상대의 성공 사례를 모방하는 것은 당연한 심리입니다. 일본의 통치 체제를 강권 독재 체제 더하기 시장경제 모델로 바꿈으로써 중국의 극적인 성공을 일본에서 재현하고자 하는 욕망이 아베 정권을 지탱하는 심리적 기반이 되고 있는 것입니다.

최근 몇 년 동안 일본 우익 세력이 가장 에너지를 쏟아부었던 일 중 하나가 바로 혐한, 혐중 감정을 부추기는 것이었습니다. 그것과 발맞추어 중국의 일당 독재 체제는 붕괴한다, 중국의 경제도 파탄난다, 한국의 정치·경제는 무너지고 있다는 내용의 책이 수없이 쏟아져 나왔습니다. 흥미로운 것은 요 2, 3년 사이에 중국을 향한 비판은 거의 사라졌다는 점입니다. 중국을 비판하는 책이 여전히 나오고 있기는 합니다만 그 규모는 이전의 10분의 1, 20분의 1로 줄어들었습니다. 중국을 비판해봤자 독자들이 더는 받아들이지 않기 때문이지요.

또 하나 굉장히 특이한 현상이 있는데, 얼마 전 한국에서 있었던 흔히 말하는 '조국 사태'에 가장 관심이 많았던 나라가 일본입니다. 하루 종일 관련 보도를 계속할 정도였죠. 얼마 전까지 이름도 모르고 있던 한국 법무부 장관의 스캔들을 아침부터 밤까지 끝도 없이 다뤘습니다. 이건 일본인들이 조국 사태를 '문재인 정권이, 한국의 정치가 제대로 기능하지 못하고 있다'는 사실을 보여주는 알기 쉬운 지표로 삼았기 때문이라 생각합니다. 일본과 아무런 관련도 없는 한국 법무부 장관의 부인이 무엇을 했는지 퍼뜨리기 위해

귀중한 보도 자원을 대량으로 투자한 것은 그럴 만한 이유가 있기 때문이라는 거죠. 같은 시기에 홍콩에서는 굉장히 격렬한 시위가 계속되고 있었습니다. 홍콩 시위도 결국 중국 공산당의 통치 실패 사례인 셈인데, 조국 사태 관련 보도에 비교해서 홍콩 시위에 관련된 보도는 10분의 1 정도에 불과했습니다. 사건의 역사적 중요성을 고려했을 때, 아무리 생각해도 홍콩 시위가 한국 법무부 장관의 스캔들보다 압도적으로 중대한 문제입니다. 일본 언론은 시진핑의 실패를 말하는 것보다는 문재인 정부가 실패했다는 주장을 하는 것이 우선이었던 겁니다. 어째서 이 정도로 집요하게 한국 정치를 비판하는 것일까요? 한국이 잘못하고 있다고 보도하는 일에 일본이 집착하는 이유는 명확합니다. 한국의 정치가 잘 이루어지고 있다는 인식이 퍼지면 민주화와 시장경제의 조합이라는 모델이 일본에게 더 나은 선택이라는 여론이 생겨나기 때문입니다.

따라서 현재 일본에서 일어나는 혐한 운동은 한국에서 일어나는 개개의 구체적인 문제에 대한 강한 혐오감이나 비판 의식을 드러내기 위함이 아닌 '한국을 롤모델로 삼고 싶지 않다'라는 하나의 의지 표명이라고 볼 수 있습니다. 어제도 수차례 지금의 험악한 한일관계가 언제까지 계속될까 하는 질문을 받는데, 전 아마 몇 년 뒤에는 진정될 것이라고 생각합니다. 중국의 압도적 성장을 일본이 더이상 따라갈 수 없을 거라는 사실을 자각한 순간 중국을 향한 반발, 혐중 감정이 사라진 것처럼, 한국과 일본의 1인당 GDP가 역전되고 그 격차가 계속 벌어지기 시작하는 단계에서 일본의 혐한 운동은 거의 사그라들 것이라고 봅니다.

## 한국 모델이 성공해야 한다

현대 일본에서나 한국에서나 공통적으로 나타나는 경향 가운데 '성공한 사람을 비판해선 안 된다'는 일종의 심리적 억압이 있습니다. 특히 인터넷에서 매우 빈번하게 볼 수 있는 현상인데, 성공한 사람을 비판하는 글에 비난 일색의 댓글이 달리는 경우가 많습니다. 너도 성공하고 나서 이야기하라는 거죠. 예를 들어 돈 많은 사람이 유아적인 언동이나 윤리

288

적으로 문제가 있는 행동을 저질렀을 때 그것을 비판하면 '너도 저만큼 돈을 벌고 나서 말해라'라고 한다든지, 몇십만 명의 팔로워가 있는 사람을 비판하면 '너도 저만큼 팔로워를 모으고 나서 말해라' 같은 폭력적인 댓글이 산더미처럼 달립니다. 일본은 굉장히 차가운 사회가 되어가고 있습니다. 약자를 돌보지 않는 사회로 나아간달까요. 사회적으로 탈락한 사람, 병에 걸리거나 장애가 있는 사람에게 공적인 지원을 하는 정책에 반대하며 약자가 굶주리는 것은 자기 책임이니 각자 일해서 벌라는, 약자에게 세금을 쓰지 말라는 잔인한 주장을 태연하게 하는 사람들이 엄청나게 늘어났습니다.

성공한 사람을 비판하는 건 질투라는 인식, 실패는 전부 자기 책임이니 누구에게도 불평해선 안 된다는 의식은 완전히 똑같은 심리에서 비롯된 것입니다. 오늘의 주제와도 이어지는 이야기입니다만, 이렇게 성공도 실패도 모두 자기 책임이라는 심플한 등급 매기기의 만연이 오늘날 일본이 유아화되는 하나의 원인이라고 생각합니다. 앞서 한국이 일본보다

어른을 찾습니다

경제적으로 성공하고 국제적으로 높은 지위와 발언권을 얻는다면, 또는 세계를 향해 호소할 수 있는 중요한 메시지를 갖는다면 일본의 혐한 운동이 사라질 것이라고 말한 것도 같은 맥락입니다. 한국이 성공한 국가라는 사실이 입증되었을 경우, 그것을 비판하는 것은 질투하는 것이고, 질투는 부끄러운 행동이기 때문입니다. 실패자에게는 성공한 사람을 비판할 권리가 없다는 인식은 현재 대부분의 일본인이 공유한 가치관이며, 지금은 이런 유아성 때문에 한국을 비판하고 있지만 동시에 이 유아성 때문에 어느 날 갑자기 혐한 운동이 사라질 거라고 저는 생각합니다. 따라서 한일관계를 호전시키기 위해 한국인들이 할 일은 간단합니다. 한국의 국력이 신장되도록, 경제력이든 국제 사회에서의 발언력이든, 아니면 문화적 발신력이든 나라의 힘을 키워나가면 머지않아 일본의 혐한 감정이 종식될 겁니다.

지금 일본인의 눈앞에 주어진 것은 중국 모델과 한국 모델이라는 양자택일의 선택지뿐입니다. 저는 개인적으로 시민이 스스로의 손으로 민주화를 달성한 것에 더해 시장경제와의 융합으로 성공을 이룩한 한국의 성공 모델이 일당독재와 시장경제가 융합된 중국 모델보다 바람직하다고 보기 때문에, 한국의 성공이 일본인들에게도 희망이 될 거라고 생각합니다. 현재 일본의 혐한 언론이 일본인들에게 주입하고자 하는 것은 '한국의 정치는 실패했다', '한국의 경제는 붕괴했다', '한국은 학술적인 면에서도 문화적인 면에서도 세계를 향한 발신력이 퇴보하고 있다'라는 메시지입니다. 그것을 여러분이 하나하나 부정해나가는 것이 혐한 언론을 잠재우는 가장 효과적인 방법입니다.

## 복잡해진 세계를 도무지 알 수가 없어서

이렇게 말하면서도 일본인인 제가 이렇게 한국에 와서 강연하는 것은 여러분이 일본의 실패로부터 얻을 수 있는 교훈이 있을 거라 생각하기 때문입니다. 일본은 이미 어른이 없는 나라가 되어버렸습니다. 한국도 손 놓고 있다 보면 어른이 없는 사회가 될지도 모릅니다. 그래서 여러분께 일본이 왜, 어떤 과정을 통해서 어른이 없는 나라, 유아적인 나라가 되어버렸는지, 그 역사적 문맥이나 원인에 대해 이야기하고자 합니다. 몇몇 부분은 한국에도 해당되는 문제일 거라고 생각합니다.

지금 일본과 한국뿐만 아니라 온 세계의 나라가 경험하고 있는 현상이 바로 포퓰리즘(Populism, 민중주의)입니다. 일본의 아베, 미국의 트럼프는 당연히 여기 해당하고, 미국 민주당 소속의 버니 샌더스Bernerd Sanders도 좌파 포퓰리스트라 불리며, 영국의 보리스 존슨Boris Johnson이나 프랑스에서 일어난 노란 조끼 운동mouvement des gilets jaunes, 유럽 각국에서 점점 그 강도를 더해가고 있는 다양한 운동도 전부 포퓰리즘에 해당합니다. 물론 이런 각각의 포퓰리즘 운동이 내거는 방침이라든지 정치적 목표는 모두 다릅니다. 정치적 목표가 다름에도 불구하고 이들을 포퓰리즘이라고 통칭하는 것은 그 방식이 일치하기 때문입니다. 목적은 달라도 근저에 있는 발상은 다 같은 거죠. 포퓰리즘의 근본은 현재 사회가 겪고 있는 불행이 단일한 원인으로 인한 것이라는 발상입니다. 이 단일한 원인, 제악의 근원을 제거하면 다시 사회 질서를 회복하고 풍요로운 삶을 되찾을 거라 생각하는 겁니다. 이런 사고방식을 단순주의Simplism나 음모사관(음모론, Conspiracy Theory)이라고도 합니다.

근대 음모사관은 프랑스혁명 직후에 태어났습니다. 프랑스혁명으로 특권을 빼앗긴 왕족이나 귀족들은 영국으로 도망쳤고, 이들은 매일 밤 런던의 클럽에 모여 '우리가 왜 이렇게 되었을까?', '영원할 것 같던 부르봉 왕조가 어떻게 하룻밤 만에 몰락했을까?'라는 주제로 논의를 계속했습니다. 그들에게 다양한 정치적, 경제적, 사상적 요인으로 인해 수많은 '제도적 피로'가 쌓이다가 동시에 터짐으로써 복수의 요소가 상호 작용하여 혁명적 사건이 일어났다는 식의 해석은 불가능했습니다. 혁명이란 상황만 놓고 보면 단순한 하나의 정치적 사건에 불과하지만, 거기에 관여하는 요소는 무수히 많다는 것을 이해하지 못했기 때문이죠. 그들이 알 수 있었던 것은 '온갖 분야에서 동시에 이변이 일어났고, 그 징후를 경찰도 군대도 파악하지 못했다'는 사실뿐이었습니다. 이런 사실로부터 그들이 추론해낸 것은 정치, 경제, 언론, 학술 등 모든 분야에 영향을 미치며 혁명이 일어나기 직전까지 아무런 자취도 남기지 않고 활동을 계속할 수 있는, '하룻밤 만에 체제를 뒤집을 수 있을 만큼 거대한 비밀결사'가 존재한다는 가설이었습니다. 부르봉 왕조를 무너뜨린 비밀결사가 존재한다는 하나의 스토리가 탄생한 겁니다. 그 뒤로는 비밀결사의 정체가 무엇일까에 대한 논의가 이어졌습니다. 프리메이슨, 일루미나티, 성당기사단(템플나이츠) 그리고 유대인 등이 흑막으로 지목됐습니다. 실체가 드러나지 않은 존재라는 조건만 맞으면 뭐든 상관없었을 겁니다. 실제로 프랑스혁명 후 결과적으로 가장 많은 이익을 얻은 것은 유대인이었습니다. 프랑스혁명 이후 유대인은 차례차례 무대의 전면에 등장하기 시작했습니다. 프리메이슨이나 일루미나티, 템플나이츠는 나타나지 않았지만 유대인은 실제로 나타나서 정계, 재계, 언론으로 진출하며 두각을 드러냈습니다. 프랑스혁명으로 가장 큰 혜택을 받은 것이 프랑스에 살던 유대인이라는 사실은 틀림이 없습니다. 이를 근거로 18, 19세기의 이론가들은 프랑스혁명으로 이익을 본 것이 유대인이니 프랑스혁명을 계획한 것도 유대인이라는 식의 추론을 했습니다. 어떤 정치적 변화로 혜택을 본 집단이 존재한다는 사실과 그들이 변화를 계획하고 실행했다는 주장 사이에는 아무런 논리적 근거가 없지만, 당시 사회 이론가들은 이 지극히 단순한 이론을 채택했습니다. 이것이 음모사관의 기본적인 구조입니다. 18세기 프랑스인들의 이런 망상이 훗날 홀로코스트까지 이어져 600만 명에 이르는 유대인의 학살로 귀결된 셈이니, '망상에 불과하다'라며 가볍게 볼 수 없다는 것은 명백합니다.

이런 음모사관을 비판하기 어려운 이유는 언뜻 무작위하게 보이는 모든 사상의 배후에 하나의 단일 의지가 존재한다는 그들의 주장이 일신교의 사고 구조와 일치하기 때문입니다. 따라서 이런 반유대주의는 기본적으로 일신교 문화권에만 존재합니다. 이슬람교라든지 힌두교, 유교 등 다양한 문화권이 있습니다만, 폭력적이라고 해야 마땅할 반유대주의가 존재하는 것은 대표적 일신교인 기독교 문화권뿐입니다. 랜덤으로 보이는 사상의 배후에 단일 의지가 존재한

어른을 찾습니다

다는 것은 인간에게, 특히 일신교적 사고관을 가진 사람에게 있어 지극히 당연한 발상입니다. 사실 정치적인 사건이든 경제적 변화든 문화적 사건이든 우리가 경험하는 것들은 무수히 많은 요소의 상호 작용으로 일어나고, 단일한 작자author가 모든 것을 컨트롤하기란 현실적으로 불가능하지만 그렇게 믿음으로써 '단일한 작자'가 존재한다고 생각하면 지적인 부하가 상당히 줄어듭니다. 따라서 현재 세계적으로 포퓰리즘이 만연하며 단순한 발상을 취하는 사람들이 늘어나고, 단일한 작자나 사악한 의지를 가진 흑막이 모든 악행을 일으킨다는 음모론이 횡행하는 이유는 원인이 너무 복잡해 알 수가 없기 때문입니다.

인간에게는 어느 정도 지성이 있기 때문에, 변수가 늘어나면 그에 맞추어 자신의 방정식을 다원화하게 됩니다. 다차원방정식으로 다양한 변수를 풀어낼 수 있도록 진화하는 겁니다. 그러나 변수의 종류가 한계를 넘어서면 수중에 있는 방정식으로는 해석할 수가 없습니다. 그러면 자신의 방정식을 복잡화하려는 노력을 그만두고 지적 부하를 덜어내기 위해 단일의 작자가 모든 것을 지배한다는, 사실은 본인도 믿지 않는 주장을 펼치며 가장 단순한 일차방정식으로 회귀하게 됩니다. 그러므로 일본과 한국을 포함해서 현재 전 세계적으로 포퓰리즘이 만연하며 굉장히 단순한, 예를 들어 일본이라면 '전부 한국 탓이다', 유럽의 경우 '이슬람 난민이 만악의 근원이다', 영국은 'EU가 원인이다', 미국에서는 '멕시코 난민 탓이다'라는 식의, 믿을 수 없을 정도로 단순한 해답에 많은 사람들이 사실은 믿지 않으면서도 지지를 보내며 모여들고 있습니다. 세상 사람들이 유아화되면서 어른이 사라지는 것처럼 보이는 이유는 엄밀하게 보자면 사람들이 어리석어서 그런 것이 아니라 세상이 너무 복잡해지고 있기 때문입니다. 세계의 변화가 완만하게 일어나며 변수가 차근차근 늘어난다면 인간도 거기에 맞추어 스스로를 복잡화시키고 지성을 고도화함으로써 문제에 대처할 수 있지만, 변수의 증가가 일정 수준을 넘어 가속하기 시작하면 개인의 노력으로는 해결할 수 없게 됩니다.

현재 우리가 경험하고 있는 것은 전대미문의 거대한 변화입니다. 가장 큰 변화가 인구 감소입니다. 인류 역사상 인구의 감소 추세를 맞이한 것은 이번이 처음입니다. 인류가 태어난 이후 인구는 계속 늘어왔습니다. 전쟁이나 흑사병 등의 원인으로 일시적인 감소는 있었지만 인류 전체 차원에서 보면 꾸준히 증가해왔습니다. 얼마 전까지만 해도 인구 문제라고 하면 인구 폭발 문제를 의미했습니다. 1960년대 말, 로마클럽이 《성장의 한계》*라는 보고서를 발표했죠. 이대로 인구가 계속 늘어나면 식량 부족과 환경오염 문제로 인류가 살아남을 수 없으리라는 암울한 진단을 담은 보고서였습니다. 반세기 전까지만 해도 인구가 감소하는 미래를 아무도 예측하지 못했던 겁니다. 그런데 일본은 지금 세계에서 가장 빨리 인구 감소 상태에 들어섰습니다. 현재 일본의 인구는 약 1억 2700만 명인데, 81년 후인 2100년에는 5000만으로 감

---

*Donella H. Meadows, Dennis L. Meadows, Jorgen Randers, Willia W. Behrens Ⅲ, *The Limits to Growth*, 1972.

소할 것이라 예상되고 있습니다. 81년 만에 7700만 명, 해마다 약 90만 명이 줄어드는 거죠. 동시에 고령화도 진행되고 있습니다. 인구 5000만 명 중 4할은 노년층일 것입니다. 그게 어떤 사회일지 예측조차 할 수 없습니다. 한국도 곧 일본을 뒤따라서 고령화와 인구 감소가 시작될 것입니다. 중국은 현재 인구가 약 14억에 달합니다만, 앞으로 수년 내에 15억을 정점으로 급격한 인구 감소가 시작되어 2050년 정도에는 7억 명으로까지 줄어들 것으로 보입니다. 지금 중국은 인구와 함께 경제력이 늘어나며 아시아에서의 군사적 지위도 점점 높아지고 있습니다만, 얼마 뒤면 고령화와 인구 감소로 내수 시장이 절반으로 줄어들 것입니다. 여기에 대해 중국 공산당이 어떻게 대처할지는 모르겠습니다만, 아마 아직 아무 계획이 없을 거라고 생각합니다.

UN에서는 세계 인구가 100억 명 정도를 정점으로 해서 그 후 감소하기 시작할 거라고 예측합니다. 관련 연구자들의 올해 발표에 따르면 인구 감소는 좀더 빨리 시작될 것이라고 합니다. 이런 인구 감소가 언제까지 계속될지, 인구가 얼마나 줄어들지는 예측하지 못하지만요. 현재 우리 사회, 자본주의라는 시스템은 인구가 계속 증가하고 경제가 계속 성장하는 상황을 전제로 만들어진 제도입니다. 경제 성장이 정체되고 인구가 감소하기 시작하는 국면에서는 어떻게 시장경제를 유지하는지 모릅니다. 적어도 과거에는 그런 사례가 없었으니까요.

우리 사회는 근 200년간 주식회사라는 구조에 익숙해져 왔습니다. 일본이든 한국이든 마찬가지입니다. 이미 우리는 통치 시스템, 지자체, 학교교육, 의료 등 모든 제도를 주식회사 모델을 기초로 재편하는 방향을 향해 나아가고 있습니다. 오늘 여기에 오신 분 중에 학교 선생님이 많으실 텐데, 학교에도 학교를 주식회사처럼 재편하지 않으면 안 된다는 주장을 펴는 사람이 많을 것이라 생각합니다. 우두머리, 즉 총장이나 이사장에게 모든 권한을 집중시켜서 톱다운 방식으로 모든 것을 결정해나가자는 겁니다. 교직원에게는 기본적으로 발언권을 주지 않고, 개개의 교사들을 퍼포먼스, 수치화할 수 있는 외형적 성과를 근거로 평가함으로써 진급 여부를 결정하거나 급료를 차등적으로 지급하자는 거죠. 아마 그런 사람들에게 학교는 회사나 마찬가지고, 학교에 오는 학생들과 지원자, 학부모들은 고객일 겁니다. 고객이 선호하는 교육상품을 만들어낼 수 있는 학교가 살아남고, 시장에서 선택받지 못한 학교는 도태되어 사라지는 것이 자연스러운 과정이라고 말하는 학교교육 관계자가 너무나 많습니다.

사실 주식회사 모델 자체가 학교교육에 완전히 부적절한 방식이기도 하지만, 그 이상으로 문제가 되는 것은 주식회사 모델이 인구 증가와 경제 성장을 전제로 한 방식이라는 점입니다. 인구 감소가 시작되고 경제 성장이 멈추면 주식회사 모델에는 아무것도 기대할 수 없습니다. 인구 감소 경제 성장 정체는 거스를 수가 없는 닥쳐온 현실이기 때문에, 거기에 적응할 수 있도록 사회 구조를 재편해야만 합니다. 이건 사용할 수 있는 온갖 지성의 자원을 활용하여 대처해야 하는 문제입니다. 그럼에도 불구하고 오늘날 많은 사람이 사고 정지에 빠져 있는 것은 기본적으로 '생각하고 싶지 않다'는 마음이 강하기 때문입니다. 앞으로도 주식회사 모델을 채택할 수는 있습니다. 다만 그럴 경우 지금의 회사 조직과는 의미가 완전히 달라질 것입니다. 주주들, 출자자들은 투자로 돈을 버는 것이 아니라 상품이나 서비스, 자신이 높게 평가하고 추구하는 것들을 기업이 제공하는 상황 자체를 배당으로 삼게 될 겁니다. 돈 버는 것을 목적으로 하는 사람은 더이상 주식회사에 투자할 이유가 없는 거죠.

어느 경제학자의 정의에 따르면, 윤택한 사회란 필요한 것이 필요한 시점에 필요한 장소에서 손에 넣을 수 있는 사회입니다. 굳이 경제가 성장하지 않더라도, 인구가 늘어나지 않더라도 필요한 것을 적절한 시기에 적합한 장소에서 손에 넣을 수만 있다면 그곳은 윤택한 사회이고, 그런 사회를 어떻게 설계하고 유지할지를 고민하면 됩니다. 지금 미국에서는 MMT(Modern Money Theory, 현대 화폐 이론)라는 연구가 유행하고 있습니다. 앞서 제가 말씀드린 것이 주식회사에 대한 새로운 관점에서의 이해라면 MMT는 화폐에 대한 완전히 새로운 이해라고 할 수 있는데, 모두 기본적으로 이제부터 일어날 전 세계적인 변화에 대비해 어떻게 상식을 개

편할 것인가 하는 발상에서 나온 개념입니다.

현재 포퓰리즘이나 음모사관 같은 단순한 사고방식이 세계
적으로 유행하는 까닭은 인간의 지성이 퇴화했기 때문이 아
니라 현실이 너무 복잡해지고 있기 때문입니다. 그러나 복
잡한 현실 앞에서 스스로를 단순화함으로써 대응하는 것은
해결책이 될 수 없습니다. 현실의 변수가 늘어나면 힘들더라
도 자신의 방정식을 다원화하고 스스로를 복잡화시켜야 합
니다. 단순한 사고를 가능한 한 억제하고, 최대한 다양한 의
견을 시비를 따지지 말고 우선 받아들인 다음, 되도록 많은
정보를 '바탕화면'에 나열해두고 함부로 지우지 말아야 합
니다.

일본의 언론은 세상일을 단순하게 논할 수 있는 사람을
높이 평가해왔습니다. 특히 TV라는 매체의 특성상 한 명에
게 주어진 시간이 10초대로 짧기 때문에 복잡한 정치적, 경
제적 사건에 대해 간단하게 설명하고 해결책까지 제시할 수

있는 사람을 등용해왔습니다. 제가 강연하는 이런 자리에서 '요컨대 당신이 하고 싶은 말은 이런 것이다'라며 한마디로 정리해버리는 것을 비평이라고 생각하는 사람도 꽤 있습니다. 지금 이 자리에도 '그래서 우린 뭘 어떻게 하면 됩니까?' 하고 생각하는 분이 있으실 겁니다. 우리는 '요컨대'라는 말을 절제할 필요가 있습니다. 답이 없는 상태를 견뎌내는 힘이 중요합니다. 해답이 없는 상태를 견뎌내지 않으면 복잡화라는 과정은 시작되지 않습니다. 새로운 물음이 나올 때마다 척척 대답하는 사람은 절대로 복잡화된 세계에 대응할 수 없습니다. 간단하게 결론 내지 말아야 합니다. 단순주의에 의해 세계가 위기적 상황을 맞이하고, 커다란 변화가 일어나고 있음에도 아무도 근본적인 대책을 내지 못하는 오늘날, '요컨대 어떻게 하면 좋겠습니까?'라는 질문을 받으면 스스로를 복잡화하는 모습을 보여줌으로써 답하는 수밖에 없습니다. 프랑스혁명 다음 날, '왜 이렇게 됐냐'는 질문에 '여러 요소가 관련되어 있다'고 대답하는 것처럼요. 이런 대답으로는 아무런 위안도 얻을 수 없고, 마음이 정리되지도

304

않겠지만 어찌 보면 그게 가장 올바른 대응인지도 모릅니다. 그 상태에서 하나하나의 요소를 주섬주섬 꼼꼼하게 나열하며 가능한 자세하게 기술하고, 총체적으로 봤을 때 어떤 요소가 가장 중요한지 평가하는 것까지가 복잡화의 과정입니다.

생물의 진화란 일반적으로 단순한 생물에서 복잡한 생물로의 변화를 말합니다. 인간의 지성도 마찬가지입니다. 지성의 성숙이라는 것은 단순한 구조에서 복잡한 구조로 변화하는 과정을 말합니다. 사상의 진위, 시비를 경솔하게 판단하지 않는 것, 판단을 보류하는 것은 상당히 괴로운 일인지도 모릅니다. 그러나 그런 괴로움을 견뎌야만 인간의 지성이 성숙할 수 있다고 저는 생각합니다. 가벼이 판단할 수 없는 상황인데도 판단을 요구받는 경우가 곧잘 있습니다. 그럴 때는 옳고 그름이라는 이분법적 결론을 내릴 수가 없습니다. 따라서 어른이라는 말의 의미를 정의해본다면, '옳고 그름의 기준이 없을 때도 판단할 수 있는 사람'이라고 할 수 있을 겁니다. '양쪽 주장이 모두 근거가 있지만 이쪽이 좀더 설득력이 있다'라고, 옳고 그름이 아닌 정도의 차이에 민감해질 수 있는 사람이, 그리고 그 정도의 차이에 기초해서 판단을 내릴 수 있는 사람이 어른이라고 저는 생각합니다.

## 진실은 사라졌다

대안적 사실alternative facts이라는 단어가 탄생하게 된 트럼프 대통령 취임식 사건을 기억하십니까? 트럼프 대통령 취임식에 참여한 청중이 오바마 대통령 때보다 적다는 여론이 일자 백악관에서 이를 부정하며 많은 청중이 참여했다는 증거로 가짜 사진과 수치를 근거로 제시했다가 발각된 사건입니다. 한 인터뷰에서 왜 금방 들통날 거짓말을 했을까 묻는 기자의 질문에 보도관이 "거짓말이 아니라 대안적 사실alternative facts을 제시한 것"이라고 대답해서 조롱거리가 됐죠. 이런 대답의 배경에는 다음과 같은 사고방식이 있습니다. '세상을 보는 방식에는 여러 가지가 있는데, 당신에게 세상이 그렇게 보이는 것은 어디까지나 당신의 주관적인 관점에 불과하다. 물론 내가 보는 것도 주관적인 관점에 불과하다는 것을 나는 인정한다. 당신은 당신의 세계를, 나는 나의 세계를 각자의 방식으로 보고 있기 때문에 어느 쪽이 진실이라고 단정할 수는 없다.'

이와 같은 사고방식에 대해 흥미로운 설명을 하고 있는 책이 있습니다. 일본계 미국인 사회학자 미치코 가쿠타니의 《진실의 끝》*인데요, 현재 미국의 언론 상황을 날카롭게 비판한 이 책에서 그는 1970년대에 유행한 포스트모더니즘의 영향을 이야기합니다. 포스트모더니즘이 가져온 것은 우리가 보고 있는 세계가 각자의 성별이나 국적, 종교, 이데올로기 등에 따라 다를 수 있다는 관점입니다. 실제로 인간의 모든 인식은 계급이나 성별, 종교, 인종에 따라 치우칠 수밖에 없지요. 여기서 객관적 현실은 존재하지 않는다는 결론이 나옵니다. 모든 사람이 공유하는 객관적 사실이라는 것은 이 세상에 존재하지 않는다는 거죠. 계급이나 성별, 이데올로기나 종교에 의한 편견으로 인해 특히나 더 비틀린 세계

---

*Michiko Kakutani, *The Death of Truth: Motes on Falsehood in the Age of Trump*, Crown/Archetype, 2018. 국내에 《진실 따위는 중요하지 않다: 거짓과 혐오는 어떻게 일상이 되었나》(김영선 옮김, 돌베개, 2019)로 번역 출간되었다.

상을 가진 사람도 있겠지만, 우리 모두가 왜곡된 세계를 보고 있으니 전부 평등하다는 겁니다. 누구나 '그건 네 주관이야. 나한텐 그렇게 안 보여'라고 반박할 수 있다는 것이죠. 이게 포스트모더니즘이 탄생시킨 무시무시한 사고방식인데, 논리적으로는 맞는 말이긴 합니다. 이런 사고방식이 퍼지면서 타인의 의견을 개인의 주관에 불과한 것으로 치부하는 것이 비판으로서 성립한다고 믿게 되었습니다. 그런데 객관적인 사실을 분명하게 알아서 주관적인 의견에 대해 틀렸다고 비판할 수 있는 사람은 없습니다. 포스트모더니즘적인 발상에 기초한 '진실은 없다'는 원리주의에 저항할 방법이라고는 '당신이 하고 싶은 말은 알겠는데…… 뭔가 좀 이상하다'는 식의 반응뿐입니다. 맞는 말이기는 한데 듣다 보니 닭살이 돋았다든지, 속이 쓰리다는 비판밖에 할 수 없는 거죠. 포스트모더니즘에 의해 진실이 사라진 상황에서 우리가 기댈 수 있는 곳은 그런 지극히 신체적인 반응뿐입니다.

우리 사회는 앞으로 전대미문의 극적인 변화를 맞이할 것입니다. 이때 국가가 어떻게 대처해야 하는지, 국민이 어떻게 행동해야 하는지 아직 아무도 모릅니다. 앞으로도 다양한 사람이 나타나서 '우리나라는 이렇게 해야 한다'든지 '국민은 이렇게 행동해야 한다' 등의 주장을 하겠지요. 그럼에도 자기 말이 정답이라고 주장할 권리는 누구에게도 없습니다. 하지만 그런 상황에서도 우리는 보다 나아 보이는 누군가의 의견을 채택해서 지지하고 실행할 수 있도록 돕지 않으면 안 됩니다. 포스트모더니즘적 사고방식으로 '미래의 일을 알 수는 없으니 모든 의견이 허무한 것'이라고 말할 수도 있겠지만, 그렇게 해서는 아무것도 시작할 수가 없습니다. 누군가의 말을 듣다 보니 기분이 좋아졌다거나 숨이 편해졌다든지 체온이 올랐다는 등 신체적 반응이 단서가 됩니다. 인간도 생물이기 때문에 생존본능을 가지고 있습니다. 몇 가지 선택지 중에 생명력이 최대화되는 쪽을 선택하는 일은 단세포생물도 할 수 있는 일인데, 인간이 할 수 없을 리가 없습니다.

오늘의 주제는 '어른을 찾습니다'입니다. 어른을 찾으려면 자신의 내면에서 찾아야 합니다. 살아남고 싶고 기왕이면

잘살고 싶은 본능은 자신의 내면에 있습니다. 그런 본능의 목소리에 귀를 기울이는 것이 어른을 찾는 방법이라고 생각합니다. 이건 이론이나 이데올로기, 신념 등과는 다릅니다. 여러 갈래 길 중에서 어느 길로 가면 살아남을 수 있는지 알아챌 수 있는 사람이 실제로 이 세상엔 있습니다. 그런 직감을 활용할 수 있는 자기 자신을 만들어야 합니다. 그게 어렵다면 적어도 누구를 따라가면 살아남을 수 있는지 직감적으로 알아차릴 수는 있어야 합니다. 예를 들어 갑자기 큰 지진이 일어나서 도망치는데 몇몇 사람이 나서서 '이쪽으로 도망치자'고 할 때, 누구를 따라가야 할지 직감적으로 알 수 있는 사람은 살아남고, 그러지 못한 사람은 죽을 겁니다. 이런 능력 정도는 누구나 가질 수 있습니다. 어른의 능력은 외부에서 등급을 매겨줄 수 있는 것이 아닙니다. 오늘날처럼 앞이 보이지 않는 시대에는 우리 자신의 내면에 있는 생물로서의 직감을 믿는 것이 바로 어른이 되는 길이라고 생각합니다.

자기 말이 정답이라고 주장할 권리는
누구에게도 없습니다.
하지만 그런 상황에서도 우리는
보다 나아 보이는 누군가의 의견을
채택해서 지지하고
실행할 수 있도록
돕지 않으면 안 됩니다.

어른을 찾습니다

## 질의/응답

**Q1.** 유튜브에서 우치다 선생님의 강연을 접하고 크게 감명받았습니다. 개풍관이라는 합기도 도장을 열고 아이들을 가르치고 계시는 것으로 아는데, 아이들을 가르치실 때 해주는 말씀이라든지 선생님만의 철학이 있는지 알고 싶습니다.

**A1.** 개풍관凱風館은 합기도뿐만 아니라 세미나라든지 수업도 하는, 일종의 교육기관이라고 할 수 있습니다. 일반적인 학교와 다른 점은 평가를 하지 않는 것, 총체적인 우열을 가리지 않는 것입니다. 도장은 종교적인, 일종의 수행 장소로, 이곳에서 주목해야 할 것은 자기 자신의 변화, 내적 변화나 신체적 변화뿐입니다. 어제의 자신과 오늘의 자신을 비교하기는 하지만, 다른 사람과 기술을 비교하는 일에는 아무 의미가 없습니다. 어제 입문한 사람도, 30년을 수련한 사람도 같은 도장에서 똑같이 제

지도를 받으며, 각자에게 주어진 과제를 수행합니다.

제가 봤을 때 등급 매기기나 평가는 아무런 의미가 없습니다. 우리가 주의를 기울여야 하는 것은 어제의 자신과 오늘의 자신의 차이뿐입니다. 때로는 제자들 중에서 커다란, 극적인 변화를 보이는 사람들이 보이기도 합니다. 그럴 때 다독여주며 잘했다고 칭찬하기는 하지만 그게 다입니다. 개풍관은 학당 같은 시스템으로 운영하고 있어서 학술적인 연구도 진행하는데, 여기서도 마찬가지로 학생들의 우열을 가리지 않습니다. 물론 연구 내용에 대해서는 상당히 엄격한 평가를 내리는 경우도 있지만 이건 하나의 주제에서 얼마나 지적으로 흥분되는 화두를 끌어낼 수 있는지에 집중한다는 뜻이지, 점수를 매긴다는 뜻은 아닙니다. 중요한 것은 이번 발표로 얼마나 활발한 토의가 이루어지고, 그게 다음으로 이어져 보다 높은 수준에 이를 수 있는지의 여부입니다.

개풍관에서는 권한을 집중시키지 않습니다. 모두의 조직이기 때문에 누구나 하고 싶은 일을 할 수 있도록 합니다. 따라서 개풍관에서는 회의를 하지 않습니다. 조직의 문제를 거론하며 어떻게 해결할지 논의하는 행위는 일절 없습니다. 문제가 생기면 그 자리에서 직접 해결할 수 있도록, 그럴 만한 권한을 모두에게 주고 있습니다. 권한을 이양하면 다들 개풍관이라는 장소가 어떠해야 할지 스스로 진지하게 생각하게 됩니다.

Q2. 우리 사회가 저출산 초고령화 사회에 접어들면서 특히 문제가 되는 것이 세대 간의 갈등입니다. 한국에서와 마찬가지로 일본에서도 그런 세대 갈등이 일어나고 있으리라 생각하는데, 이를 해결하기 위한 움직임이 있다면 소개해주셨으면 합니다.

A2. 물론 일본에도 세대 갈등은 있습니다. 나이 많은 사람들이 권한이나 재산을 독점해서 젊은 사람들은 힘들어지고, 고용 문제나 연금 문제로 인한 갈등이 심해지고 있습니다. 제도의 설계적 특성상, 역사적 조건의 변화로

314

인해 특정 세대가 혜택을 독점하고 어떤 세대는 배제되는 건 당연합니다.

해결책은 의외로 간단합니다. 수혜를 받은 세대가 다음 세대에게 증여하는 것. 이보다 나은 방법은 없습니다. 연장자에게는 젊은이를 지원할 의무가 있습니다. 경제적으로 지원할 수도, 학술적으로 도울 수도 있습니다. 힘과 재력을 가진 연장자에게는 어떤 방법으로든 젊은이들의 사회적 진출과 성장을 지원할 의무가 있습니다. 자원의 재분배란 국가나 지자체의 의무임과 동시에 개인이 할 일이기도 합니다. 단, 한 명의 개인이 재분배할 수 있는 대상은 한정될 수밖에 없으므로 모든 연장자가 주변의 젊은이를 지원하는 일을 당연한 것으로, 시민의 임무로 받아들이는 사회를 만드는 것이 중요하다고 생각합니다.

# 당신을 오랫동안 기다려왔습니다

그의 강연을 한 번이라도 들어본 사람이라면 '와, 질주감이 굉장하구나'라고 할 것이다. 보통 질주감이 있다고 하면 화법이 시원시원하고 곧바로 문제의 핵심에 돌진해서 척척 문제를 해결한다고 생각하기 십상인데, 그게 그렇지가 않다. 직접 들어보신 분은 알겠지만 전혀 반대의 사태이다. 즉, 이야기는 전혀 앞으로 나아가지 않는다. 지금까지 한국뿐만 아니라 일본에서 있었던 그의 강연을 약 20회 통역한 사람으로서 확실히 말할 수 있다. 실제로 2018년 경남교육청에서의 강연 때는 강연 주제가

'교사단의 관점에서 가르침과 배움 낯설게 보기'였는데 '교사단'의 '단'도 꺼내지 못하고 강연을 마치는 바람에 우치다 선생님이 일본으로 돌아간 후 산청간디학교의 요청으로 내가 같은 주제의 강연을 하기도 했다.

그는 강연할 때 '하나의 말'에 걸려서 머뭇거리고 망설이고 서성거리고 만다. 예를 들면 배움을 주제로 한 여느 학자들의 강연 같으면 '배움이란 도대체 무엇인가'와 같은 근원적인 탐구는 건너뛰고 배움에 대해 다 알고 있다는 전제를 발판 삼아서 점점 이야기를 앞으로 전개하기 마련이다. 이에 반해 우치다 선생은 그것이 되지 않는 분이다.

대신에 그는 '왜 나는 이런 기초적인 것'에 딱 걸리고 마는 것일까' 하는, 바로 그 사태에 관해서 맹렬한 스피드로 말씀을 쏟아낸다. 보통 사람 같으면 걸리지 않는 곳에서 갑자기 멈춰서는 것은 그도 스스로 충분히 아는 터라 "앗, 죄송합니다. 미안합니다" 하고 청중에게 사과하며 스피드를 올림으로써 청중들에게 미안해하는 마음을 필사적으로 전하려고 한다. 마치 실수로 유리잔을 깬 사람이 '앗, 미안합니다. 제가 이런 실수를 하다

317

니요'라며 재빠르게 수습함으로써 잘못에 대한 성의를 표시하고 싶어 하는 느낌이라고 해야 할까?

그의 강연은 하나의 말에 머무르고 서성거리고 망설이는 것에서 그치지 않고 급기야는 이야기가 주제와 관계없는 방향으로 나아간다. 이런 현상은 그 스스로도 무슨 영문인지 저항이 힘들어서(저항이 아니라 그 사태를 즐긴다고 말하는 것이 정확할 것이다) 일탈에 일탈을 거듭하곤 한다. 순간 멈칫하면서 '이런 관계없는 이야기를 해도 되는가?' 하고 망설이는 모습을 옆에 있는 통역자로서 간혹 목격하곤 한다. 그럼에도 일견 관계없는 이야기로 우회함으로써 주위에 있는 풍경이 일변하는 것을 경험하고, 자신이 처음 있었던 고도보다 해발이 높아진 곳에 도달하기도 하며, 청중들도 해당 주제에 보다 깊은 이해에 이르리라는 데에 확신이 있어서 일탈을 그만두지 못하는 듯하다. 청중들의 지적 부하를 경감시켜줄 마음으로 시작한 이야기가 점점 관계없는 이야기로 일탈해나가는 우치다 선생 특유의 화법에 나는 엄청난 질주감을 느낀다. 이런 나의 생각에 동의해줄 청중도 꽤 있을 것이다.

옮긴이의 글

예를 들면 자신의 방 안에 굴러다니는 익숙한 기계(예컨대 분무기)를 지긋이 쳐다보다가 '이것은 어떤 원리로 작동하는 것일까?', '도대체 인간은 왜 이런 것을 만들어낸 것일까?' 같은 생각에 잠기는 것과 비슷하다(그렇게 하다 보면 대기압과 브라운 운동까지 생각에 미치기도 한다). 일상적이지만 사실은 근원적이며, 아무도 관심조차 주지 않는 것에 매달리는 것처럼 보이지만 실은 본질에 닿는 것. 그것이 우치다 타츠루 화법의 진수인 것이다.

이런 스피드에는 감염성이 있다. 스피드는 곧 호흡이기 때문이다. 그의 말을 듣고 옮기다 보면 어느새 내 숨결과 맥박이 우치다 선생의 그것과 함께임을 느낀다. 그 호흡을 함께하다 보면, 그의 표현처럼 '빙의형 통역'이 된다. 그 호흡에 동조하는 것은 나 같은 통역자만이 아닐 것이다. 그의 이야기를 옮기다 문득 청중석을 보면, 청중들도 강사와 호흡을 맞추다 그에 이끌려서 본 적이 없는 장소에 납치당하여 한 번도 본 적도 만난 적도 없는 사건과 인물에 대한 심상을 그와 함께 바라보고 있었다.

어째서 그런 일이 가능한가 하면 그것은 역시 우치다 타츠

319
당신을 오랫동안 기다려왔습니다

루 선생이 '축복하는 사람'이기 때문이다. 축복의 본질은 담담하게 '기술記述'하는 것이다. '담담하게'라는 부사는 말은 쉽지만 실제로는 아주 어려운 일이다.

철학자 김영민의 다음 글은 '기술'이 축복하는 일임을 잘 보여준다.

> 모든 정답이 단순하고 명쾌하게 주어진 표피. 즉, 이념의 옷이 주는 편익에 마취된 글쓰기는 기본적으로 처방적prescriptive 이다. 그러나 절절하고 형용할 수 없는 삶의 층층면면과 복잡성을 깊이 살아내는 글쓰기는 종종 기술적descriptive인 고백에서 멈출 도리밖에 없다. 파스칼의 변별처럼 '기하학의 정신'을 넘어서서 '섬세의 정신'을 익힌 글쓰기는 주변의 소외된 지역을 찾아다니면서 펜 끝으로 어루만져준다.
>
> - 김영민《탈식민성과 우리 인문학의 글쓰기》중에서

우치다 선생은 언론이나 학계 등에서 문제로 삼는 것에 전혀 관심을 기울이지 않는다. 선생님은 '지금까지 아무도 문제

320

로 삼은 적이 없는 것' 혹은 '그것이 문제가 될 수 있는가에 대해서 그 누구도 생각하지 못한 것'에 '문제'라는 생명력을 부여해서 우리 앞에 선명하게 보여준다. '선명하지 못하고 흐릿했던 것이 밝아졌다'라든지 '뭔가 불편하기는 한데 말로 표현하지 못해 끙끙 앓고 있었던 것이 해소되었다'라는 반응이 청중에게서 나온다. 이런 '기술'을 '축복의 행위'라고 부르지 않고 뭐라고 부를 수 있을까?

그런데 뭔가를 엄밀하게 기술하는 것의 최고 이점은 역설적으로 뭔가 문제를 부각시키고 밝혀내는 것에 있는 것이 아니라(물론 그 공덕도 결코 무시할 수는 없지만) 상세하게, 그리고 정치하게 기술하면 기술할수록 인간이 수행하는 기술에 의해서는 '날것'을 제대로 길어올릴 수 없다는 불능을 자각할 수 있다는 것이다. 그리고 그 무능 혹은 불능의 감각을 우치다 선생은 온몸으로 보여준다. 즉, 우리는 기술하기를 통해서 뭔가를 확정하고 획득하고 고정하는 것이 아니라 오히려 기술하면 할수록 기술 대상이 기술할 수 없는 깊이와 넓이를 갖고 있다는 것을 알게 된다. 대상은 그때그때 기술로부터 도망가버린다. 천

당신을 오랫동안 기다려왔습니다

마디의 말을 하더라도 눈앞의 꽃 한 송이도 사실寫實적으로 묘사할 수가 없다.

나 또한 '기술'을 업으로 하는 질적연구자의 한 사람으로서 그가 자신의 연구주제이기도 한 '배움'의 역동성을 조감적으로 포착하는 것에 단 한 번도 성공한 적이 없다는 것을 잘 알고 있다(실제로 그렇게 말씀하시니 그것은 틀림없는 사실이다). 그런데 역설적으로 그러한 무능감과 불능감이야말로 그로 하여금 배움에 대해 쉴 새 없이 기술하도록 추동하는 원동력이라고 생각한다. 기술(혹은 사생)이 우리에게 통절히 가르쳐주는 것은 '날것'의 무한성, 개방성과 그것에 대한 인간의 기호화 능력의 놀랄만한 빈곤함이다. 그런데 말 혹은 기호가 되지 못하는 것의 이 '말이 되지 못함'을 지키는 방법은 정성을 다해서 알뜰하게 삶의 편린들을 살피고 살뜰하게 그것을 캐내고 정성스럽게 길어 올릴 수 있는 '어휘꾸러미의 발명'밖에 없다는 영원한 배리를 우치다 선생은 올곧게 짊어지고 있다고 생각한다. 그것이 바로 '담담한 기술은 축복'이라는 말의 의미이다.

그는 기회가 있을 때마다 이렇게 말한다.

옮긴이의 글

"젊은이들이 학교를 졸업하고 사회에 나가고 나서도 교사는 가능한 한 똑같은 장소에 있어야 합니다."

'곤란한 일이 있으면 언제든지 오너라' 하고 슬쩍 학생들의 등을 밀어 떠나보내는 것이 교사가 반드시 담당해야 할 책무라고 그는 말한다. 이런 교사의 마음가짐을 그는 '모항母港'이라는 메타포로 설명한다. 교사는 등대지기가 되어야 한다는 것이다. 칠흑 같은 어둠의 바다로 항해를 떠난 사람들은 때때로 돌아보고 모항의 등대를 확인한다. 그때 매일 밤 똑같은 곳에서 한결같이 번쩍번쩍 비추어 보여주는 것이 제자에 대한 교사의 책무인 것이다. '60세가 지나서 갑자기 자칭 프로서퍼가 된 은사'라든지 '70세가 지나서 라스베이거스의 카지노에서 100억을 벌어 지금은 젊은 모델과 해운대의 엘시티 더샵에서 살고 있는 은사'와 함께 하는 동창회는 그리 즐겁지 않을 것이다(어디까지나 희망적 관측이지만). 급변하고 만 선생님께 뭐라고 말을 걸면 좋을지 알 수 없기 때문이다. 졸업생은 자신이 나온 학교와 자신이 배운 선생님이 언제까지라도 변하지 않고 그대로 있었으면 한다. 자신이 졸업하고 몇 년이 흘러도 똑같은 캠퍼스에서 똑

323

같은 선생님이 똑같은 얼굴을 하고 자신이 들었던 것과 똑같은 수업을 하기를 마음 깊은 곳에서 바란다. 이런 말을 하면 사람들은 '학생들의 응석을 받아주면 아이의 장래가 엉망이 된다'라든지 '사회가 약육강식의 정글인데 그런 태평한 소리를 하는 선생은 오히려 학생들을 망칠 수 있다'라고 반응하기도 한다.

우치다 선생은 이렇게 말한다.

"모항이 있는 배가 가장 멀리까지 항해할 수 있다."

모험 여행을 사고 없이 무사히 마칠 수 있는 것은 돌아올 장소를 갖고 있어서다. 여행과 모험으로 성숙을 이룬 사람들이 자신의 성숙을 확인할 수 있는 것은 모항을 통해서이다. 자신이 그동안 무엇을 해왔는지, 자신이 어떤 인간으로 거듭났는지를 알기 위해서는 언젠가는 모항에 돌아갈 필요가 있다. 그런데 정작 우치다 선생은 항구를 떠나는 모험가라는 정체성이 기질적으로 맞지 않아 젊었을 때부터 지금까지 항구에서 사람들을 떠나보내고 맞이하는 사람으로서 자기를 조형해왔다고 말한다. 나는 이런 스승의 역할을 '정점定點의 일을 하는 사람'이라고 부르고 싶다. 자신이 얼마만큼 바뀌었는지, 어떤 변화를

옮긴이의 글

이루었는지를 확인할 '정점관측점'이 있으면 사람은 안심할 수 있는 법이니까. 모험가가 위기적 상황에서 사력을 다하고 있을 때나 만신창이가 되었을 때 '돌아가야 할 모항'이라는 이미지는 마지막으로 믿고 의지할 곳이기 때문이다.

대학이나 대학원 등에서 그의 수업을 들은 적은 한 번도 없었지만 그는 내게 모항 같은 선생님이기에 나는 모험을 듬뿍 즐겼고 앞으로도 끊임없이 즐길 것이다. 그를 만나지 않았다면 결코 인연이 없었을 《회화분석》(커뮤니케이션북스, 2019)이나 《해럴드 가핑클》(커뮤니케이션북스, 2018)과 같은 초난해한 사회학 관계 도서를 등대의 불빛 삼아 집필하고 세상에 내어놓는 모험을 감행하기도 했다. 그 모험을 감행하고 나서 문득 오래간만에 모항으로 돌아가 보니 그는 여전한 모습으로 '사회학에 대해서는 자네에게 한 번도 가르친 적이 없는데 어떻게 이런 책을 쓰게 되었는가?' 하고 방긋 웃으시면서 나를 맞이해주셨다(어디까지나 나의 망상이지만).

고등학교를 졸업하면서 인연이 다한 것으로 굳게 믿었던 수학에 관심을 갖고 수학자 모리타 마사오의 《수학하는 신체》

(에듀니티, 2016)와 《수학의 선물》(원더박스, 2019)을 번역 출간하고 《수학하는 인생》을 번역하고 있는 것도 우치다 선생님 덕분이다. 최근에는 수학이라는 학문이 도대체 무엇인지가 궁금해서 본격적으로 공부하고 있다. 나아가 《배움의 배움학》과 《우치다 타츠루론》도 집필하고 있다. 문득 호흡을 가다듬기 위해서 모항으로 돌아가면 스승님은 변함없이 따뜻하게 나를 맞이해주실 것이다(망상이 점점 심해지는 것 같아 이런 이야기는 여기까지).

제자는 곤란한 일이 있을 때마다 호흡을 가다듬기 위해서 모항에 돌아가면 된다. 돌아보면 매일 밤 등대의 불빛이 보인다. 그런 사람은 자신이 무엇을 하고 있는지, 어디를 향하면 되는지 가늠할 수 있다. 그래서 나처럼 안심하고 어디든지 항해를 계속할 수 있는 것이다. 그런데 모항이 없는 배는 자신이 어디서 출발해 어디를 향하고 있는지 알 수가 없다. 자신을 '성장의 문맥'이라는 바다 지도 안에 위치 지을 수 없게 되는 것이다.

'곤란한 일이 있으면 언제든지 돌아오라'라는 따뜻한 지원의 말을 등에 새긴 사람은 그런 말을 들은 적이 없는 고립된 사람보다 인간적인 성숙을 이룰 확률이 높다. 떨어지면 죽는다고

326

생각하는 사람과 떨어져도 자신을 받아줄 안전장치가 있음을 아는 사람은 릴랙스의 정도가 다르다. 릴랙스하고 있는 사람은 운동 능력도 높을 것이다. 자신에게는 피난처가 있다고 생각하는 사람일수록 피난처가 필요한 상황을 만나지 않는다. 피난처라는 것은 그런 역설적인 제도인 것이다.

그러고 보니 어느 뇌과학자가 스트레스에 관해서 연구한 결과가 생각난다. 정신적으로 스트레스를 받으면 인간의 뇌 내에는 실제로 어떤 종류의 화학물질이 합성된다. 그리고 그것이 강한 심신의 불쾌감을 가져온다. 그 과학자는 이 화학물질을 인위적으로 체내에 주입하는 실험을 했는데, 피험자를 두 집단으로 나누었다. 양쪽 집단의 피험자들에게 불쾌감을 유발하는 물질을 주입하되 한쪽은 물질을 주입하는 장치에 온/오프 스위치가 붙어 있어서 심신의 불쾌감이 한도를 넘어서서 '앗, 더이상 참을 수가 없다' 싶으면 오프로 할 수 있게 했다. 그렇게 실험해 보니 놀랄 만한 결과가 나왔다. 물질을 주입하는 장치에 온/오프 스위치가 붙어 있는 집단에서는 아무도 그것을 사용하지 않았다. 심신의 불쾌감이 그다지 높지 않았기 때문이리라. 심하게

327

기분이 나빠질 만큼의 양의 화학물질이 주입되었을 텐데 말이다. 자신이 스위치를 오프로 하기만 하면 나쁜 기분이 사라질 것이라고 생각하면 그다지 기분이 나빠지지 않는다는 것을 이 실험결과는 잘 보여주고 있다. 즉, 정신적 스트레스는 단품으로 존재하는 불쾌가 아니라 '정신적 스트레스에 대해 취할 대처 수단이 없다'는 무력감과 세트가 되었을 때 비로소 발동한다. 아무리 스트레스를 받아도 '자 이제 그만!' 하고 중단할 능력이 있으면 그다지 심각한 상태가 되지 않는다.

이 실험 결과는 스승 우치다 타츠루의 모항론을 약리학적으로 예증해준다. 모항이 있는 사람은 '언제라도 돌아갈 수 있는 곳이 있다'고 생각함으로써 항해 능력을 향상시킬 수 있다. 그래서 결과적으로 모항으로부터 훨씬 먼 곳까지 모험의 여정을 늘여나갈 수가 있다. 그런 의미에서 모항은 아주 훌륭한 교육적 장치라고 생각한다. 나도 그의 학통을 이어받아서 모험가 생활을 계속하면서 언젠가는 나에게 배우는 자들을 위해 모항이 되고 등대가 되고자 한다.

교육개혁론자들도 교사가 아이들에게 존경받지 못하는 까

옮긴이의 글

닭이 교사로서의 적성과 자질과 역량이 부족하기 때문이라고 생각한다. '잘 가르치는 기술'과 같은 역량이 교사에게 갖추어져 있으면 아이들은 자동적으로 교사를 존경하고 교육도 효과적으로 기능한다고 믿는다. 그래서 교사들은 전문적 학습공동체를 비롯해서 이른바 자신들의 역량 강화를 위한 연수 수강으로 내내 바쁘다.

그런데 우치다 타츠루 선생으로 잠시 빙의해서 말해보자면 이런 생각은 단견이다. 세상이 그렇게 간단하게 움직일 것 같으면 고생하는 사람이 없을 것이다. 현장에 있는 인간의 개인적 자질과는 관계없이 파탄하지 않고 기능하도록 구축된 제도를 가리켜 '제대로 만들어진 제도'라고 부른다. 개인적 자질과 역량 등의 차이가 곧 제도 그 자체의 존망과 직결된다면 제도로서는 매우 잘못 만들어진 것이라고 말하지 않을 수가 없다. 이것을 '제도의 타성'이라고 부른다. 타성이 짙은 제도는 현장에 있는 인간들의 됨됨이가 다소 들쭉날쭉하더라도 그 나름대로 돌아간다. 그래서 훌륭한 경영자는 자기가 없어도 경영이 정지하지 않는 경영 시스템을 구축한다. 일상적인 일routine work은 부

당신을 오랫동안 기다려왔습니다

하에게 권한을 위임하고 자신은 생성적인 프로젝트에 힘을 쏟는다. 리더가 다음의 비즈니스 모델을 생각하는 기업과 리더가 정례회의와 서류결재로 정신 없는 기업. 어느 쪽이 장래성이 있는가는 누구든지 알 것이다.

한국의 정치와 관료의 제도도 그렇다. 나는 이것을 꽤 타성이 짙은 제도라고 평가하고 있다. 언론에서 쏟아내는 보도를 매일 접하다 보면 한국의 정치가와 관료의 '질 낮음'은 위기에 달했다. 그런데 정관계에 많이 서식하는 탐관오리들이 나라를 좀먹는 짓을 계속해도 나름 국가의 근간은 그럭저럭 유지되고 있다. 그럭저럭 법치가 기능하고, 그 나름으로 통화가 안정되고, 내전도 테러도 없는 상태가 이어지고 있다. 나는 TV나 인터넷 뉴스 등을 볼 때마다 정치인이나 관료의 질이 이만큼이나 낮음에도 나름대로 기능하는 한국에 있는 이런저런 제도의 강력한 타성에 늘 놀라곤 한다. 그렇게 풍부하게 제도의 타성에 은혜를 입고 있는 여러 정치가와 관료가 유독 교육에 관해서는 타성 짙은 제도의 구축에 전혀 관심이 없고 오로지 교사들의 개인적인 능력과 자질과 역량에서 교육제도 파탄의 원인을 찾는 것은 이

옮긴이의 글

해하기 힘든 부분이다. 교육제도 또한 정치제도나 관료제도와 마찬가지로 개인의 자질이 아무리 낮다고 하더라도 제도 전체로서는 흔들림 없이 구축되어야 하는 것이 아닐까?

여기서 잠시, 우치다 타츠루 선생의 저서 《교사를 춤추게 하라》의 내용을 잠시 들여다보자.

〈24개의 눈동자二十四の瞳〉(1954)라는 영화가 있습니다. 어느 작은 섬의 초등학교에 부임한 신참 교사와 열두 제자들의 교감을 그린 명작입니다. 어릴 때 이 영화를 봤을 때는 오오이시 선생님이 훌륭한 선생님이라고 생각했습니다. 이런 선생님 밑에서 배울 수 있으면 얼마나 행복할까 생각했습니다. 그런데 몇 년 전에 다시 보고 놀랐습니다. 오오이시 선생님이 너무나 무능한 선생님이었기 때문입니다. 학교를 졸업한 지 얼마 되지 않아 어쩔 수 없다 쳐도, 아무리 그렇다고 해도 일을 못하는 교사였습니다. 무슨 일이 있으면 그냥 허둥지둥거릴 뿐입니다. 학교를 다닐 때도 졸업 후에도 제자들은 인생의 어려움과 곤경에 직면해 선생님에게 의지하려고 도움을 요청하지만, 오오이시 선생님

331

은 아무런 도움이 되지 못합니다. 단지 그냥 함께 울 뿐입니다.

지금이라면 교원자격증 갱신 때 자격증을 박탈당하는 게 아닌가 싶을 정도로 교육 역량이 없는 선생님입니다만, 아이들은 이 무능한 선생님을 '이상적인 선생님'으로 존경합니다. 그 이야기에 많은 사람들이 공감하여 같은 제목의 책이 베스트셀러가 되고, 수많은 관객들이 영화를 보며 감동의 눈물을 흘렸습니다.

저는 이 현상을 보며 '역시 그렇군' 하고 생각했습니다. 그것으로 충분하다고 말이죠. 교사가 한 사람의 인간으로 어떤 사람인지는 교육이 기능하는 데 별 상관이 없습니다. 문제는 교사와 아이들의 '관계'이고, 그 관계가 성립하기만 하면 아이들은 배워야 할 것을 스스로 배우고, 성숙으로 향하는 길을 스스로 걸어갑니다. 극단적으로 말하자면 교단 위에는 누가 서더라도 관계가 없다는 말이 됩니다.

-우치다 타츠루, 《교사를 춤추게 하라》 (박동섭 옮김, 민들레, 2012) 121~122쪽


내가 어렸을 때만 해도 교사의 질은 실로 들쭉날쭉이었다.

'이런 사람이 교단에 서도 되는 것일까?'라는 생각이 들 정도의 저질 교사들도 적지 않았다. 그럼에도 그것이 이유가 되어서 학생들의 학력과 정서 발달이 말도 안 되게 저해된 일은 없었다고 생각한다.

아이들은 '이상한 선생'으로부터도 배워야 할 것은 배운다. 어떠한 사람이든지 그가 선생인 한 그 일거수일투족 안에 어떠한 형태로든 교육적 정보가 포함되어 있음이 틀림없다고 우리가 믿고 있기 때문이다. 그러한 믿음이 정착되어 있는 한 교사가 누구든 배움은 기동하는 법이다.

우치다 선생님이 자주 인용하는 철학자 자크 라캉의 다음 말에 잠시 귀를 기울여보자.

가르친다는 것은 매우 희한합니다. 나는 지금 교탁 이쪽에 서 있습니다만, 이 장소에 서게 되면 적어도 겉으로 보기에는 누구라도 일단은 그 나름의 역할을 할 수 있습니다. 일단은 무지를 이유로 부적격 판정을 받을 교사는 없습니다. 사람은 알고 있는 자의 입장에 서게 되는 동안은 늘 충분히 알고 있습니다. 누군가가

당신을 오랫동안 기다려왔습니다

가르치는 자로서의 입장에 서는 한, 그 사람이 도움이 되지 않는 경우는 결코 없습니다.

-자크 라캉, 《가르치는 자에 대한 물음 下》 중

〔《교사를 춤추게 하라》(박동섭 옮김, 민들레, 2012) 123쪽에서 재인용〕

중요한 것은 '교탁의 이쪽'에 서 있는 한, 누구든지 그 나름의 역할을 할 수 있도록 교육제도의 타성을 강화하는 것이다. 교사가 아무리 무능하고 적성이 결여되어 있어도 그것에 의해서 아이들이 치명적인 데미지를 입지 않는 교육제도란 어떤 것일까? 이 같은 물음을 긴급한 물음으로서 받아들이는 것이다.

그런데 작금의 한국에서 이루어지고 있는 교육개혁과 교육혁신론은 오히려 '교탁의 이쪽'에 서 있는 교사가 무엇을 모르는가, 무엇을 할 수 없는가를 총망라하여 만든 리스트를 일일이 떠들어대는 데 열중하고 있지는 않은가? 그러면서도 그 평가의 시선이 곧바로 아이들에게도 공유된다는 사실을 잊고 있지는 않은가? 아이들이 평가표를 들고 '교탁의 저쪽'을 노려보면서 '우리가 제대로 배우지 못하는 것은 교사에게 어떠한 능

옮긴이의 글

력과 적성과 역량이 결여되어 있기 때문이 아닐까?' 하고 의심부터 한다면 학교교육이 어떻게 될까? 그것에 관해서 그들은 조금이라도 상상해본 적이 있을까?

교사이기 위해서는 한 가지 조건만 갖추면 된다. 한 가지만으로 충분하다고 나는 생각한다. 이러한 모순(이른바 출력과잉의 메커니즘)에 의해서 교육제도가 계속될 것이라는 믿음이 바로 그 조건이다. 교사는 자신이 잘 모르는 것을 가르친다. 어찌된 연유인지 모르지만 그것을 가르칠 수 있다. 학생들은 교사가 가르치지 않은 것을 배운다. 그것 또한 어찌된 연유인지 모르지만 배울 수 있다. 이 모순 안에 교육의 기적은 존재하는 것이다. 그것을 알고 '감동'하는 것이 교사의 유일한 조건이라고 나는 생각한다.

오랜 시간을 들여서 이 탁월한 제도를 만들어온 선인들의 지혜에 경의를 표하는 것. 교사로 있기 위한 조건은 그것만으로도 충분하다. 만약 학생들이 배우는 그 어떤 것도 교사가 이미 알고 있는 것의 일부를 이전하는 것에 지나지 않는다고 생각하는 교사가 있다면 나는 그런 사람은 교탁에 서서는 안 된다고 생각한다. 그 당사자에게도 확실히 말할 것이다. 교육제도에 대한 경의를 갖지 못한 자는 교사가 되어서는 안 된다고. 교육의 기적은 배우는 것이 가르치는 것을 지식에서도 기예에서도 능가하는 것이 일상적으로 일어난다는 것, 즉 '출력이 입력을 넘어선다는' 사실 안에 있다.

대학원을 졸업해서 박사학위를 갖고 있고 1년 내내 연수를 들어서 교육에 관해 수업에 관해 풍부한 전문지식을 갖고 세련된 교육기술을 구사할 수 있지만 '교육의 기적'을 믿지 않는 교사와 지식도 빈곤하고 가르치는 방식도 서툴지만 자신의 무지를 늘 자각하고 반성하는 '교육의 기적'을 믿고 있는 교사가 다른 조건을 똑같이 한 상태에서 교탁에 섰을 경우, 장기적으로는 후자가 압도적으로 높은 교육적 성과를 달성할 것이다. 나의 경험은 그렇게 가르쳐주고 있다.

물론 단기적이고 한정적인 교육과제의 경쟁(예컨대 TOEIC 점수를 한 학기 동안 몇점 올린다든지, 공무원 시험을 눈앞에 둔 문제풀이 등)에서는 가르치는 스킬이 뛰어난 교사가 높은 퍼포먼스

옮긴이의 글

를 발휘한다. 하지만 '교실이라는 곳은 거기에 존재하지 않는 것이 생성되는 기적적인 장이다'라는 신념이 없는 교사는 장기적으로(학생들이 졸업한 후에도) 그들의 성숙을 지원하는 일은 할 수 없다.

작금의 '교육위기'는 세상이 말하고 있는 것처럼 교사에게 교과에 관한 지식이 부족해서도 가르치는 기술이 떨어지기 때문도, 석·박사학위를 받지 않아서도, 그리고 자신의 수업기술 함양을 위해 노력하지 않아서도 아니다. 교사들이 교육을 믿는 것을 그만두었기 때문이다. 교사가 교육을 믿지 않는다면 도대체 누가 교육을 믿을까? 정치가와 언론과 시장원리를 믿는 보호자들의 요청에 굴복해서 '교육이라는 것은 대가에 걸맞은 교육상품·교육 서비스를 제공하는 비즈니스의 일종이다'라는 교육관을 받아들일 때, 상품 거래의 어법으로 교육을 논하는 것을 수락할 때, 교육의 기적은 숨이 끊어질 것이다.

'교탁의 저쪽'에는 압도적인 지적 우위를 가진 자가 존재한다. 학생들이 내어놓는 어떤 대가도 교사가 주는 '선물'의 가치

당신을 오랫동안 기다려왔습니다

를 상쇄할 수 없다. 그러한 신뢰만이 우리들을 억견doxa의 우리로부터 해방시켜 줄 것이다.

아이들은 먼저 교탁을 중간에 두고 '이 세계에는 나의 이해를 넘어선 지적 질서가 존재한다'라는 신뢰를 신체화한다. 거기서부터 과학적 탐구심과 종교적 각성이 시작된다. 거기서부터 인간은 인간적인 존재로 성장해가는 것이다.

누구든지 교사가 될 수 있다. 아니, 그렇게 되지 않으면 안 된다.

우치다 선생이 자주 하는 이야기 중에 "누군가가(예컨대 전문가) 말하는 '옳은 설명'을 통째로 암기해서 복화술을 구사하는 인형처럼 반복해도 별로 좋은 일은 일어나지 않습니다"라는 지언至言이 있다. 이를 제대로 이해하기 위해서는 이 문장에서 사용된 '옳은'과 '좋은'이라는 단어를 알뜰하게 살펴서 두 단어가 어떤 대비의 구도에서 사용되었는지 살뜰하게 길어올릴 필요가 있다.

'옳은 설명을 통째로 암기해서 그대로 반복하는 것은 틀렸

옮긴이의 글

다'는 말이 아님에 주의할 필요가 있다. 당연한 말이지만 '옳기 때문에' 틀릴 리가 없다. 그것이 아니라 '별로 좋은 일이 없다'는 것에 방점을 찍을 필요가 있다. 하여 '옳은 것'과 '좋은 것'은 별개로 다룰 필요가 있다. '옳은 것'(이 문맥에서는 '정의'라고 바꾸어 말해도 좋을 것 같다)은 종종 많은 사람을 불행하게 만들지만 '좋은 것'의 경우는 (그 정의상) 좋은 일만 일어나게 하는 공덕을 지녔다.

우치다 선생의 가르침 중에 "세계를 단숨에 구하려고 하는 생각은 인간의 인간성을 파괴한다"라는 언명이 있다. 모든 불행을 해결할 최종적 해결 방법을 알고 있다는 인간을 믿어서는 안 된다는 것이다. 이 언명을 제대로 이해하기 위해서는 다음과 같은 사태를 상상해보면 될 것이다.

모든 부정이 곧바로 처벌을 받고 모든 오류가 곧바로 정정되는 완벽한 사회가 실현되었다고 해보자. 그러면 그런 사회는 개인이 해야 할 일이 아무것도 없는 사회가 될 것이다. 정부가 모든 약자를 구원해주는 완벽한 복지 사회에 살고 있는 사람은 아무런 대가도 바라지 않고, 자신의 재산을 털어서 약자에게 손

당신을 오랫동안 기다려왔습니다

을 내밀 필요가 없어지게 된다. 왜냐하면 그런 일은 행정이 훨씬 효율적으로 처리해주기 때문이다. 같은 논리로 교사들이 굳이 수업 준비에 열을 올리거나 학교가 지금보다 호흡이 편한 공간이 되기 위해 노력할 필요가 없다. 그냥 위에서 시키는 대로 묵묵히 따르면 된다. 왜냐하면 교육과학부나 각 시도교육청이 모든 면에서 공정과 평등한 교육을 실현해줄 것이기 때문이다.

그래서 100퍼센트 윤리적이고 공정한 사회 시스템 안에서 사는 사람은 공공의 복지(예컨대 사법이나 교육 등등)의 복리에 일체 관여도 배려도 하지 않고 아무런 거리낌 없이 이기적으로 살 수 있다. 이와 똑같이 모든 범죄를 경찰이 곧바로 찾아내서 처벌하는 사회 시스템에서는 눈앞에서 어떤 흉악한 일이 일어나더라도 우리는 안심하고 그것을 수수방관하는 것이 허용된다. 그런 일이 일어나면 곧바로 경찰이 출동해서 척척 체포해줄 것이 100% 확실하기 때문이다. 굳이 자신이 나서서 위험을 무릅쓰고 '그만둬!'라고 말할 필요가 없다. '짱가'와 같은 정의가 성취되는 세계에서는 나쁜 일이 일어나면 사람들은 '어디선가 누군가에 무슨 일이 생기면 반드시 짱가가 나타나서 그것을 물리

옮긴이의 글

쳐주는' 일을 바라게 된다.

여기서 잠시 우치다 선생의 가르침을 요약하자면 이 세상에 조금이라도 '좋은 일'을 늘리고 싶다고 생각한다면 '그냥 놔두더라도 점점 세계를 좋게 만드는 비인칭적 시스템(교육제도)'에 관해 생각하기보다는 '일단 자신의 발밑에 떨어져 있는 휴지를 주워라'가 될 것이다. 나는 스승의 이런 발상에 제자로서 다음과 같이 화답하고 싶다.

학교라는 사회에서 나의 책임도 아니고 당신의 책임도 아닌 일을 하지 않는 것은 '옳은 일'일 것이다. 책임소재가 불분명 일은 굳이 안 해도 처벌받을 일이 없고, 한다고 상 받을 일도 없을 것이기 때문이다. 하지만 그런 일을 하지 않고 방치해두면 집단은 거기서부터 서서히 무너진다. 누구의 책임도 아닌 일을 하는 사람이 존재해야 그 집단이 유지된다. 그런 일을 하는 사람을 나는 '옳은 일'이 아니라 '좋은 일'을 하는 사람이라고 부르고자 한다. 이런 발상은 레비나스로부터 가르침을 받았다고 하는데 평생 동안 수련해온 무도에서도 이런 가르침을 얻었다고 한다.

하나의 문제에 대해서 정답은 하나밖에 없다는 것이 옳은 이론 혹은 학설이 취하는 자세이다. '옳음은 여러 가지'라는 말은 있을 수 없다. '옳은 이론'은 전원이 동일한 '옳음'에 귀일歸一하는 것을 추구한다. 그런데 곤란하게도 '옳은 이론'은 하나밖에 없기 때문에 그것을 선포한 사람은 점차적으로 개체식별 불가능하게 된다. 옳은 이론이 빠지기 쉬운 함정은 옳은 이론의 선포자는 얼마든지 대체가 가능하다는 것이다. '굳이 당신이 존재하지 않아도 된다, 왜냐하면 당신을 대체할 수 있는 사람은 얼마든지 있으니까'라는 말을 들어도 반론할 수 없는 것이 '옳은 것'을 계속 말하는 사람이 치러야 할 비용이다. 그러니까 '옳은 것'을 말하는 것이 무엇보다도 본인에게 좋은 일만 있는 것은 아니라는 사실에 우리는 주의를 기울일 필요가 있다. 나는 그것이 '옳은 것'과 '좋은 것'은 다르다는 언명에 대한 제대로 된 이해라고 생각하고 있다. 나는 내 학생들도 '자네는 옳은 사람이군'이라는 말을 듣기보다는 '자네는 대체불가능한 사람이구나'는 말을 듣는 편이 앞으로 행복한 인생을 보낼 수 있

옮긴이의 글

을 것이라고 생각한다. 여기서 사족을 하나 달자면 '옳은 것'과 '좋은 것'의 대비는 '옳은 수업'과 '다양한 수업'의 대비로 그리고 '옳은 교사'와 '다양한 교사'의 대비로 확장해서 생각할 수 있을 것 같다.

2020년 3월
박동섭

# 7년의 우정, 고맙습니다

"교육제도를 개혁한다는 것은 '고장난 자동차를 운전하고 있는 상태에서 수리한다'는, 일종의 고난이도 곡예에 비유할 수 있는 어려운 일입니다."

2012년 무렵 평소 존경하는 선배님께서 우치다 타츠루 선생님을 소개하며 들려주신 《교사를 춤추게 하라》(우치다 타츠루 지음, 민들레, 2012)의 한 구절입니다. 한순간도 멈출 수 없는 교육의 사회적 역할과, 현재와는 맞지 않는 교육 현실을 바꾸어

내는 것이 얼마나 어려운지 압축적으로 표현한 통찰의 말씀이라는 생각을 했습니다. 이듬해 박동섭 선생님의 연결로 부산 혜세이티에서 선생님을 처음 만나는 행운을 얻었습니다. 추적추적 비가 내리는 날, 카페를 가득 메운 청중들 맨 뒷자리에 선생님은 특유의 눈웃음을 지으며 앉아계셨죠. 그렇게 선생님을 처음 만났습니다.

에듀니티는 2014년부터 박동섭 선생님과 함께 우치다 선생님을 초청해 한국의 교사들과 연결하는 자리를 마련해왔습니다. 서울과 경기, 전북과 제주, 광주와 경남, 세종과 강원, 대구와 부산, 충남과 대전으로 6년 동안 12개 지역에서 3000여 명의 한국 교사들과 우치다 선생님의 대화가 이어져온 것이죠. 평화, 교육, 어른, 더불어 산다는 것, 교사공동체, 미래교육, 계급 등등. 나누고 싶은 주제를 제안하면 그대로 강연 주제가 되었습니다. 게다가 박동섭 선생님과 함께 우치다 선생님을 모시고 3박 4일을 동행하며 나눈 대화는 개인적으로도 큰 공부가 되었습니다. 내내 통역하느라 애쓰신(심지어 밥 먹는 자리에서도) 박동섭 선생님께 늘 고맙고 미안한 마음입니다.

7년의 우정, 고맙습니다

첫 강연을 준비하며 선생님께 이렇게 여쭈었습니다.

"선생님의 강연을 촬영해 유튜브에 공개해서 더 많은 사람들이 볼 수 있도록 하고 싶습니다. 편집해서 미리 보내드리고 선생님의 의견을 충분히 반영하겠습니다. 촬영을 허락해주시겠습니까?"

선생님은 흔쾌히 허락해주셨습니다.

"마음껏 편집하고 어느 곳이든 필요한 대로 사용해도 됩니다. 세상에 내 저작권이라고 할 것이 없다고 생각합니다. 출처를 밝힐 필요도 없습니다."

아베 정권과 일본 사회의 문제를 언급한 대목은 공개하기 불편하실 만도 한데 "일본에서도 똑같이 이야기하기 때문에 괜찮다"며 웃으셨습니다. 참 고마운 어른입니다. 선생님과 함께한 6년의 강연 기록을 유튜브 채널(에듀니티TV)에 공개하고 있으니 영상으로도 만나보시면 좋겠습니다.

불문학을 전공한 철학자이자 사상가이며, 합기도 7단의 무도가이자 지역사회 운동가, 반전 평화주의자인 우치다 선생님과 한국의 교사들이 만난 6년간의 기록을 출간하게 되어 기쁩니다. 선생님과 인연을 열어주신 박동섭 선생님과 첫 모임을 함께 준비한 참여소통교육모임, 그리고 이범희 선생님께 특별히 고맙습니다. 또한 전국에서 선생님을 만날 수 있도록 자리를 함께 열어주신 전북 김승환 교육감님, 세종 최교진 교육감님, 제주 박동현 선생님, 광주 박성광 장학사님, 경남 최진수 장학사님, 강원 구재승 장학사님, 충남의 김태곤 장학사님, 그리고 2019년 강연을 열어주신 월간 배움여행과 윤진 선생님, 고맙습니다.

우치다 선생님께 여러 해째 이런 새해 인사를 받고 있습니다.

"올해도 한국 친구들과의 의리를 지키기 위해 한국에 갑니다."

11월이 기다려집니다.

**2020년 3월**

에듀니티 대표 **김병주**